Hallo Achim

ich weiß nicht, wer von Euch beiden der bessere "Sprücheklopfer" ist bzw. war.

Auf jeden Fall: Beglückung zum Geburtstag!

Mai 1991

Wolfgang [illegible]
u.
Silvia [illegible]

Oscar Wilde, geboren am 16. Oktober 1854 in Dublin, ist am 30. November 1900 in Paris gestorben.

Oscar Wilde gehört nach Shakespeare zu den in Deutschland besonders geschätzten Dichtern der englischsprachigen Literatur. Seine Werke werden häufig veröffentlicht, viel gelesen, seine Stücke immer wieder gespielt, seine *Märchen und Erzählungen (it 5)*, der Roman *Das Bildnis des Dorian Gray (it 843)*, die Komödie *Bunbury* zählen zu den klassischen Texten der Weltliteratur. Immer wieder finden sich hier Textpassagen, deren Brillanz und Nähe zum Aphorismus faszinieren.

Frank Thissen hat für die Aphorismensammlung aus den Werken und Briefen von Oscar Wilde in acht Kapiteln die zitierenswertesten Aussprüche der für Oscar Wilde zentralen Themenbereiche Kunst, Leben, Gesellschaft, Genie einander zugeordnet. In der Summe geben diese Sentenzen in ihrer Eigenständigkeit, in ihrer stilistischen Abgeschlossenheit und Allgemeingültigkeit einen konzentrierten Einblick in Werk und Denken des Autors. Ein Register mit Stichworten und eines mit Aphorismenanfängen geben der Sammlung mit den dazugehörigen Quellenangaben aus der zehnbändigen Insel-Ausgabe *Oscar Wilde, Sämtliche Werke* (it 582), den Charakter eines praktischen Nachschlagewerkes.

insel taschenbuch 1020

Oscar Wilde

Aphorismen

OSCAR WILDE
APHORISMEN

Herausgegeben von Frank Thissen

Insel Verlag

Umschlagabbildung: Oscar Wilde, um 1891.
Radio Times Hulton Picture Library, London.

insel taschenbuch 1020
Erste Auflage 1987
Originalausgabe

Vertrieb durch den Suhrkamp Taschenbuch Verlag
Umschlag nach Entwürfen von Willy Fleckhaus
Satz: LibroSatz, Kriftel
Druck: Ebner Ulm · Printed in Germany

2 3 4 5 6 – 92 91 90

Inhalt

Kunst und Wahrheit

Alle Kunst ist ganz und gar nutzlos. (I, 10)

Alle Kunst ist zugleich Oberfläche und Symbol. (I, 10)

Wer unter die Oberfläche dringt, tut es auf eigene Gefahr. (I, 10)

Wer das Symbol deutet, tut es auf eigene Gefahr. (I, 10)

Kunst offenbaren und den Künstler verheimlichen ist das Ziel der Kunst. (I, 9)

Die Kunst ist kein Spiegel, sondern ein Kristall. Sie schafft ihre eigenen Gestalten und Formen. (IX, 431)

Die Kunst ist das einzig Ernsthafte auf der Welt. Und der Künstler ist der einzige Mensch, der nie ernsthaft ist. (IX, 964)

Es gibt keine Stimmung oder Leidenschaft, die uns die Kunst nicht geben kann, und wer ihr Geheimnis ergründet hat, vermag im voraus zu sagen, welcher Art unsere Erfahrungen sein werden. (VII, 111)

Ziel der Kunst ist es einfach, eine Stimmung zu erzeugen. (VII, 122)

Die Kunst ist dann gesund, wenn sie die Schönheit unserer Zeit zum Ausdruck bringt, und sie ist krank, sobald sie ihre

Themen aus früheren, romantischen Zeitaltern heraufholen muß. (VI, 81)

Die entscheidende Entdeckung ist, daß das Lügen, das Erzählen von schönen, unwahren Dingen, das eigentliche Ziel der Kunst ist. (VII, 44)

»Und die Kunst?« »Ist eine Krankheit.« (I, 213)

In Wirklichkeit spiegelt die Kunst den Beschauer, nicht das Leben. (I, 10)

Wir können einem Menschen verzeihen, daß er etwas Nützliches schafft, solange er es nicht bewundert. Die einzige Entschuldigung dafür, etwas Nutzloses zu schaffen, besteht darin, daß man es über jedes Maß bewundert. (I, 10)

Und dennoch können die Wahrheiten der Kunst nicht gelehrt werden: sie offenbaren sich – und zwar nur denjenigen, die dem Schönen sich aufgetan haben in ihrem Studium und ihrer Verehrung aller schönen Dinge. (VI, 66)

Ich bewahre mir Kunst als Leben. (III, 257)

Es gibt nichts, was Kunst nicht ausdrücken kann. (I, 20)

Der Zweck der Kunst ist, den göttlichsten, entlegensten der Akkorde anzuschlagen, die in unserer Seele Musik machen; und Farbe ist an sich eine mystische Gegenwart auf der Oberfläche der Dinge und der Ton eine Art Schildwache. (VI, 144)

Das Abnorme im Leben steht in normalem Verhältnis zur Kunst. Es ist das Einzige im Leben, was in normalem Verhältnis zur Kunst steht. (IX, 963)

»Müssen wir uns also in allem an die Kunst halten?« »In allem. Denn die Kunst verletzt uns nicht.« (VII, 116)

Die höchste Kunst dient dem Menschen, so wie die großartigste Natur sich selbst dient. (VIII, 263)

Die Kunst ist das mathematische Resultat des emotionellen Strebens nach Schönheit. Wenn ein Kunstwerk nicht durchdacht ist, ist es nichts. (VIII, 173)

Die Wahrheit in der Kunst ist die Identität eines Dinges mit sich selbst: das Äußere, das zum Ausdruck des Innern geworden: die fleischgewordene Seele: der vergeistigte Leib. (IX, 500)

Nur ein Temperament, das durch seine Phantasie, in einem Zustand vertiefter Einbildungskraft, neue und schöne Eindrücke zu empfangen vermag, wird imstande sein, ein Kunstwerk zu würdigen. (VII, 240)

Das Kunstwerk soll den Zuschauer beherrschen: nicht der Zuschauer das Kunstwerk. Der Zuschauer soll empfänglich sein. Er soll die Violine sein, die der Meister spielt. Und je vollständiger er seine eigenen dummen Ansichten, seine eigenen törichten Vorurteile, seine eigenen absurden Ideen über das, was Kunst sein und was sie nicht sein sollte, unterdrückt, desto wahrscheinlicher wird er das Kunstwerk verstehen und zu würdigen wissen. (VII, 239)

Die große Wahrheit (. . .), daß sich die Kunst zunächst weder an den Intellekt noch an das Gefühl wendet, sondern ganz allein an das künstlerische Temperament. (VII, 51)

Jede Kunst ist amoralisch. (. . .) Denn Gefühlserregung um der Gefühlserregung willen ist das Ziel der Kunst, und jede Gefühlserregung um des Handelns willen ist das Ziel des Lebens. (VII, 116)

Das moralische Leben des Menschen gehört zum wesentlichen Gegenstand des Künstlers, die Moral der Kunst besteht jedoch in der vollkommenen Anwendung eines unvollkommenen Ausdrucksmittels. (I, 9)

Alle Künste sind amoralisch – außer jenen niedrigeren Formen der sinnlichen oder belehrenden Kunst, die, im Bösen oder Guten, zum Handeln anzustacheln sucht. Denn Handeln jeder Art gehört in den Bereich der Ethik. Ziel der Kunst ist es einfach, eine Stimmung zu erzeugen. (VII, 122)

Wenn die Betrachtung eines Kunstwerks Aktivität irgendeiner Art auslöst, so ist das Werk entweder von recht zweitrangiger Qualität, oder dem Betrachter ist die Tiefe der künstlerischen Impression verschlossen geblieben. Ein Kunstwerk ist nutzlos, wie eine Blume nutzlos ist. Eine Blume blüht sich selber zur Freude. Ihre Betrachtung verschafft uns einen Augenblick der Freude. Mehr ist über unser Verhältnis zu Blumen nicht zu sagen. (VIII, 312)

Der Kunst erwächst keinerlei Schaden, wenn sie sich fernhält von den sozialen Problemen des Tages. Vielmehr gelingt es ihr auf solche Weise, noch vollständiger uns vor Augen zu führen, was wir im Innersten begehren. (VI, 52)

Das Leben verdirbt durch seinen Realismus immer die Thematik der Kunst. Das erhabenste Vergnügen an der Literatur ist, das Nicht-Existente existent zu machen. (VIII, 279)

Die Abneigung des neunzehnten Jahrhunderts gegen den Realismus ist die Wut Calibans, der sein Gesicht im Spiegel sieht. (I, 9)

Die Abneigung des neunzehnten Jahrhunderts gegen die Romantik ist die Wut Calibans, der sein Gesicht nicht im Spiegel sieht. (I, 9)

Ein Künstler sollte schöne Dinge schaffen, aber nichts aus seinem eigenen Leben hineintun. Wir leben in einer Zeit, in der die Menschen mit der Kunst umgehen, als sei sie eine Art Autobiographie. Wir haben das abstrakte Gefühl für Schönheit verloren. (I, 22)

Je mehr wir die Kunst studieren, desto weniger kümmert uns die Natur. (. . .) Zweifellos hat die Natur gute Absichten, aber, wie Aristoteles einmal sagte, sie kann sie nicht ausführen. Wenn ich eine Landschaft betrachte, sehe ich auch gleich alle ihre Mängel. Zu unserem Glück jedoch ist die Natur so unvollkommen, sonst wäre nie die Kunst entstanden. Die Kunst ist unser geistvoller Protest, unser kühner Versuch, der Natur ihren eigentlichen Platz zuzuweisen. (VII, 9)

Der allgemeine Ruf unserer Zeit lautet: »Laßt uns zum Leben und zur Natur zurückkehren, sie werden uns die Kunst neu erschaffen und ihren Pulsschlag wiederbeleben, sie werden ihren Schritt beflügeln und ihrer Hand Kraft verleihen.« Aber leider! unsere freundlichen und wohlmeinenden Bestrebungen gehen irre. Die Natur ist immer hinter der Zeit zurück. Und das Leben – es ist das Zersetzungsmittel, das die Kunst schwächt, der Feind, der das Haus verwüstet. (VII, 20)

Obwohl es paradox erscheinen mag – und Paradoxien sind immer gefährliche Dinge –, ist es darum nicht weniger wahr, daß das Leben die Kunst weit mehr nachahmt als die Kunst das Leben. (. . .) Ein großer Künstler erfindet eine Idealfigur, und das Leben versucht sie nachzubilden, in einer leichtverständlichen Form zu reproduzieren. (VII, 29)

Das Leben ist der Kunst bester, der Kunst einziger Schüler. (VII, 30)

Schopenhauer hat den Pessimismus analysiert, der das moderne Denken bestimmt, aber Hamlet hat ihn erfunden. Die Menschen sind schwermütig geworden, weil eine Theaterfigur einmal an Melancholie krankte. Der Nihilist, dieser wunderliche Märtyrer ohne Glauben, der ohne Inbrunst an den Pfahl geht und für etwas stirbt, woran er nicht glaubt, ist ein reines Produkt der Literatur. Er ist von Turgenjew erfunden und von Dostojewski vollendet worden. (VII, 30)

Die Literatur greift immer dem Leben vor. Sie ahmt das Leben nicht nach, sondern formt es nach ihrer Absicht. Das neunzehnte Jahrhundert, wie wir es kennen, ist zum großen Teil eine Erfindung Balzacs. (VII, 30)

Woher, wenn nicht von den Impressionisten, stammen jene wundervollen braunen Nebel, die durch unsere Straßen ziehen, die Gaslampen verschleiern und die Häuser in ungeheuerliche Schatten verwandeln? Wem verdanken wir die köstlichen Silbernebel, die über unserem Fluß brauen und die geschwungene Brücke, die schwankende Barke in die zarten Linien vergänglicher Anmut hüllen, wenn nicht ihnen und ihrem Meister? Der ungewöhnliche Umschwung, der während der letzten zehn Jahre in den klimatischen Verhältnissen Londons stattfand, ist einzig und allein einer besonderen Kunstrichtung zuzuschreiben. (VII, 34)

Die Natur ist keineswegs die große Urmutter, die uns gebar. Sie ist unsere Schöpfung. Es ist unsere Einbildungskraft, die sie beseelt. Die Dinge sind, weil wir sie sehen, und was wir sehen und wie wir sehen, hängt von den Künsten ab, die uns beeinflußt haben. Es ist ein großer Unterschied, ob man ein Ding ansieht oder ob man es sieht. Man sieht nichts, solange man nicht seine Schönheit sieht. Dann, und erst dann, wird es lebendig. Jetzt sehen die Leute die Nebel, nicht weil es Nebel gibt, sondern weil die Dichter und Maler ihnen die geheimnisvolle Schönheit solcher Erscheinungen offenbaren. Es hat vielleicht schon seit Jahrhunderten in London Nebel gegeben. Das glaube ich sogar ganz sicher. Aber niemand hat sie gesehen, und deshalb wissen wir nichts darüber. Sie waren nicht vorhanden, bis die Kunst sie erfunden hat. (VII, 34)

Die Kunst entfaltet sich lediglich in der ihr eigenen Bahn. Sie ist nie ein Symbol des Zeitalters, die Zeitalter sind ihre Symbole. (VII, 37)

Ein Gegenstand in der Natur wird viel anziehender, wenn er uns an einen Gegenstand in der Kunst erinnert, ein Gegenstand in der Kunst dagegen gewinnt keine wahre Schönheit, weil er uns etwa an einen Gegenstand in der Natur erinnert. Der primäre ästhetische Eindruck von einem Kunstwerk entsteht nicht durch Vergleich oder Suche nach Ähnlichkeit. (VIII, 320)

Eine wirklich gelungene Knopflochblume ist das einzige Bindeglied zwischen Kunst und Natur. (VII, 253)

Jede schlechte Kunst entsteht durch die Rückkehr zum Leben und zur Natur, und indem man sie zu Idealen erhebt. Das Leben und die Natur mögen der Kunst zuweilen als rohes Material dienen, doch ehe sie der Kunst von wirklichem Nutzen sein können, müssen sie in künstlerische Übereinstimmung gebracht werden. Sobald die Kunst auf ihr schöpferisches Ausdrucksmittel verzichtet, gibt sie alles auf. (VII, 43)

Als Methode ist der Realismus ein völliger Irrtum, und die beiden Dinge, die jeder Künstler vermeiden sollte, sind Modernität der Form und Modernität des Inhalts. (VII, 43)

Die einzigen wirklich schönen Dinge sind die Dinge, die uns nicht betreffen. (VII, 43)

Die Vergangenheit ist ohne Bedeutung. Die Gegenwart ist ohne Gewicht. Mit der Zukunft allein haben wir uns auseinanderzusetzen. Denn die Vergangenheit ist, was der Mensch nicht hätte sein dürfen. Die Gegenwart ist, was der Mensch nicht sein sollte. Die Zukunft ist, was die Künstler sind.

(VII, 245)

Der Künstler ist der Schöpfer schöner Dinge. (I, 9)

Kein Künstler wünscht etwas zu beweisen. Selbst Wahres kann bewiesen werden. (I, 9)

Kein Künstler hat ethische Neigungen. Ethische Neigung ist bei einem Künstler eine unverzeihliche Manieriertheit des Stils. (I, 9)

Niemals ist ein Künstler morbid. Der Künstler kann alles ausdrücken. (I, 9)

Gedanke und Sprache sind für den Künstler Werkzeuge einer Kunst. (I, 10)

Laster und Tugend sind für den Künstler Stoffe einer Kunst. (I, 10)

Vollkommenheit ist des Künstlers Ziel. (VIII, 286)

Die Freude, die ein Mensch bei der Schaffung eines Kunstwerks empfindet, ist eine ganz persönliche Freude, und um dieser Freude willen allein schafft er. Der Künstler sieht bei der Arbeit nur seinen Gegenstand. Nichts anderes interessiert ihn. Der Gedanke, was die Leute dazu sagen mögen, kommt ihm gar nicht. Er ist von seinem Gegenstand völlig fasziniert. Gegen andere ist er gleichgültig. (VIII, 287)

Das Leben des Künstlers ist einfach Entwicklung des Ich. Demut heißt beim Künstler, daß er jede Erfahrung offen bejaht, so wie Liebe beim Künstler einfach jener Schönheitssinn ist, der der Welt ihren Leib und ihre Seele enthüllt. (IX, 503)

Nichts fürwahr ist dem jungen Künstler so gefährlich wie irgendeine Auffassung von idealer Schönheit; sie verführt ihn beständig zu schwächlicher Niedlichkeit oder lebloser Abstraktion. Wollen Sie jedoch das Ideal erreichen, so dürfen Sie es nicht seines lebendigen Wesens entkleiden. Sie müssen es im Leben finden und in der Kunst neu schaffen. (VI, 136)

Kein großer Künstler sieht die Dinge, wie sie wirklich sind. Täte er es, so wäre er kein Künstler mehr. (VII, 38)

Durch die Kunst, die Kunst allein, erreichen wir unsere Vollendung. (VII, 116)

Ein Kunstwerk ist das unverwechselbare Ergebnis eines unverwechselbaren Temperaments. Seine Schönheit beruht auf der Tatsache, daß der Schöpfer ist, was er ist. (. . .) Die Kunst ist die intensivste Form des Individualismus, die die Welt kennt. (VII, 229)

Ein wirklicher Künstler glaubt an sich, weil er ganz und gar er selbst ist. (VII, 233)

Nur die Mittelmäßigkeit macht Fortschritte. Ein Künstler bewegt sich in einem Kreis von Meisterwerken, von denen das erste nicht weniger vollkommen ist als das letzte. (VIII, 387)

Die einzigen persönlich erfreulichen Künstler, die ich jemals kennenlernte, sind schlechte Künstler. Gute Künstler leben nur in dem, was sie schaffen, und sind infolgedessen völlig uninteressant an dem, was sie sind. Ein großer Dichter, ein wirklich großer Dichter, ist das unpoetischste aller Geschöpfe.

Geringere Dichter dagegen sind absolut faszinierend. Je schlechter ihre Gedichte sind, um so malerischer sehen sie aus. Die bloße Tatsache, ein Buch mit zweitklassigen Sonetten veröffentlicht zu haben, macht einen Mann ganz unwiderstehlich. Er lebt die Poesie, die er nicht schreiben kann. Die anderen schreiben die Poesie, die sie nicht zu verwirklichen wagen. (I, 68)

Sich durch Poesie ruiniert zu haben ist eine Ehre. (I, 65)

Manchmal denke ich, das Leben des Künstlers sei ein langer und süßer Selbstmord, und ich bedauere es nicht. (VIII, 212)

Das Publikum ist durch und durch krankhaft, denn das Publikum findet für nichts einen Ausdruck. Der Künstler ist niemals krankhaft. Er drückt alles aus. Er steht außerhalb seines Gegenstandes und bringt durch ihn unvergleichliche und künstlerische Wirkungen hervor. Einen Künstler morbide zu nennen, weil er sich die Krankhaftigkeit zum Thema nimmt, ist so albern, wie wenn man Shakespeare wahnsinnig nennen würde, weil er den König Lear geschrieben hat. (VII, 233)

Es sei vielleicht erwähnt, daß der sehr begrenzte Wortschatz, der dem Publikum im Bereich der Kunstschmähungen zur Verfügung steht, in den letzten Jahren um zwei neue Adjektive bereichert wurde. Das eine Wort ist »ungesund«, das andere »exotisch«. Das zweite Wort drückt nichts als die Wut des kurzlebigen Pilzes gegen die unsterbliche, zauberhafte, unvergleichlich schöne Orchidee aus. Es ist eine Achtungsbezeugung, aber eine Achtungsbezeugung ohne Bedeutung. Das Wort »ungesund« jedoch läßt eine Analyse zu. Es ist ein ziemlich aufschlußreiches Wort. Es ist wirklich so aufschlußreich, daß die Leute, die es gebrauchen, seinen Sinn nicht verstehen. (VII, 234)

Für den Künstler gibt es nur eine passende Regierungsform, nämlich gar keine Regierung. Es ist lächerlich, über ihn und seine Kunst Autorität auszuüben. (VII, 243)

Der einzige Maßstab für die Schönheit, den der Künstler anerkennt, ist sein eigenes Temperament. (VIII, 320)

Ein Künstler (...) braucht für die Entfaltung seiner Kunst den Umgang mit Ideen und eine geistige Atmosphäre und Ruhe, Frieden und Einsamkeit. (IX, 441)

Er fühlte (...), daß man die Geheimnisse der Kunst am besten im geheimen lernt und daß Schönheit, wie Weisheit, die einsamen Anbeter liebt. (II, 61)

Es scheint mir, daß die Phantasie Einsamkeit um sich verbreitet oder verbreiten sollte, sie schafft am besten in der Stille und Abgeschiedenheit. (VII, 73)

Sicherlich liegt der Anfang aller ästhetischen Kritik darin, seine eigenen Eindrücke darzustellen. (VII, 51)

In den besten Zeiten der Kunst gab es keine Kunstkritiker. (VII, 76)

Für den Kritiker ist das Kunstwerk einfach eine Anregung zu einem neuen eigenen Werk, das nicht unbedingt eine augenscheinliche Ähnlichkeit mit dem kritisierten Gegenstand zeigen muß. (VII, 103)

Wenn die Kritiker uneins sind, ist der Künstler mit sich einig. (I, 10)

Kritiker ist, wer seinen Eindruck von schönen Dingen in einen anderen Stil oder einen neuen Stoff zu übertragen vermag. (I, 9)

Die höchste wie die niedrigste Form der Kritik ist eine Art Autobiographie. (I, 9)

Wer in schönen Dingen häßliche Absichten entdeckt, ist verdorben, ohne reizvoll zu sein. Das ist ein Fehler. (I, 9)

Wer in schönen Dingen schöne Absichten entdeckt, ist kultiviert. Für ihn besteht Hoffnung. (I, 9)

Die Auserwählten sind die, für die schöne Dinge einzig und allein Schönheit bedeuten. (I, 9)

So etwas wie moralische oder unmoralische Bücher gibt es nicht. Bücher sind gut oder schlecht geschrieben. Weiter nichts. (I, 9)

Wenn man ein Buch nicht immer und immer wieder zu seiner Freude lesen kann, hat es keinen Wert, es überhaupt zu lesen. (VII, 20)

Von einem Buch vergiftet werden, so etwas gibt es nicht. Kunst hat keinen Einfluß auf das Handeln. Sie hebt das Verlangen zu handeln auf. Sie ist im höchsten Grade unfruchtbar. Die Bücher, die von der Welt unmoralisch genannt werden, sind Bücher, die der Welt ihre eigene Schande zeigen. (I, 237)

Romane, die glücklich enden, mag ich nicht. Sie deprimieren mich so sehr. (III, 282)

Früher wurden Bücher von Literaten geschrieben und vom Publikum gelesen. Heute werden sie vom Publikum geschrieben und von niemandem gelesen. (IX, 963)

Jedermann kann einen dreibändigen Roman schreiben. Dazu bedarf es nur völliger Unkenntnis des Lebens und der Literatur. (VII, 90)

Es ist die Literatur, die uns den Körper in seiner Behendigkeit und die Seele in ihrer Unrast zeigt. (VII, 96)

Die Aufgabe der Literatur ist, aus dem rohen Material des wirklichen Lebens eine neue Welt zu erschaffen, die herrlicher, dauernder und wahrhaftiger sein wird als die Welt, auf die das gewöhnliche Auge blickt und durch welche die gewöhnlichen Naturen ihre Vollendung zu verwirklichen trachten. (VII, 97)

»Die beiden höchsten und edelsten Künste?« »Leben und Literatur. Das Leben und der vollendete Ausdruck des Lebens.« (VII, 80)

Den Leuten zu sagen, was sie lesen sollen, ist in der Regel entweder nutzlos oder gar schädlich; denn das Verständnis für Literatur ist Sache des Temperaments, nicht der Unterweisung. (VIII, 213)

Von der Literatur verlangen wir Würde, Bezauberung, Schönheit und Phantasie. Wir wollen nicht belästigt und angeekelt sein durch die Schilderung von Begebenheiten, die sich in den unteren Volksschichten abspielen. (VII, 16)

Die alten Geschichtsschreiber hinterließen uns wundervolle Dichtungen in der Form von Tatsachen; der moderne Romanschriftsteller langweilt uns mit Tatsachen, die er als Dichtung ausgibt. (VII, 12)

Wenn man über eine Sache nicht redet, ist sie nicht geschehen. Nur wenn wir sie in Worte kleiden, (. . .) geben wir den Dingen Wirklichkeit. (I, 121)

Die Dichtung anzuregen, ist mehr wert als eine Tatsache. (VII, 68)

Kein Dichter singt, weil er singen muß, wenigstens tut es kein großer Dichter; ein großer Dichter singt, weil er wünscht zu singen. (VII, 87)

Wer noch durch Dichtung auf uns wirken will, muß entweder vollkommen neue Hintergründe zeigen, oder er muß uns die Seele des Menschen in ihren innersten Regungen offenbaren. (VII, 142)

Bücher fallen so oft in dumme und ungebildete Hände, und mir läge an einer wirklichen Kritik: dümmliches Lob und dümmlicher Tadel sind die größte Beleidigung. (VIII, 109)

Die Musik (. . .) schafft uns eine Vergangenheit, von der wir nichts wußten, und erfüllt uns mit dem Gefühl von Leiden, die unseren Tränen verborgen geblieben waren. Ich kann mir einen Menschen vorstellen, der ein völlig alltägliches Leben führt und zufällig eine ganz seltsame Musik vernimmt; plötzlich wird er gewahr, daß seine Seele, ohne daß es ihm bewußt wurde, schreckliche Erfahrungen gemacht und ein schauerliches Entzücken erlebt hat, wilde abenteuerliche Lieben, große Entsagungen. (VII, 72)

Es ist etwas Seltsames um die Übertragbarkeit des Gefühls. Wir erkranken an den gleichen Leiden wie die Dichter, und der Sänger leiht uns seinen Schmerz. Tote Lippen haben uns eine Botschaft zu künden, und Herzen, die längst zu Staub zerfallen sind, teilen uns ihre Freude mit. (VII, 115)

Musik verursacht einem so romantische Gefühle – zumindest geht sie einem immer auf die Nerven. (III, 134)

Ich liebe Wagners Musik mehr als jede andere. Sie ist so laut, daß man sich die ganze Zeit unterhalten kann, ohne daß die anderen Leute hören, was man sagt. (I, 56)

Wenn man gute Musik spielt, hören die Leute nicht zu, und spielt man schlechte Musik, dann reden sie nicht. (III, 268)

Musiker sind so absurd unvernünftig. Immer wollen sie einen gerade in dem Augenblick völlig stumm haben, wenn man sich danach sehnt, völlig taub zu sein. (III, 199)

Vom Gesichtspunkt der Form her ist das Urbild aller Kunst die des Musikers. Vom Gesichtspunkt des Gefühls aus ist die Kunstfertigkeit des Schauspielers das Urbild. (I, 10)

Die Bühne scheint mir der Treffpunkt von Kunst und Leben zu sein. (VIII, 175)

Das einzige Bindeglied zwischen Literatur und Theater, das wir heute in England noch haben, ist das Programmheft. (IX, 963)

Ein Gegenstand, der vollkommen schön ist, regt den Künstler nicht an. Es fehlt ihm das Unvollkommene. (IX, 964)

Kein Erzeugnis ist zu trivial, zu gering, als daß es durch die Kunst nicht veredelt werden könnte, denn ihr Genius kann dem Stein, dem Metall und auch dem Holze besonderen Glanz verleihen schon durch die Art und Weise, in der er diese schlichten Werkstoffe formt und gestaltet. (VI, 95)

Das Gute empfangen wir von der Kunst nicht auf direktem Wege, sondern auf dem Umweg über die Gewöhnung an jene Anmut und Schönheit, mit der sie uns umgibt. Und noch mehr wird die Kunst bewirken, als unser Leben nur freudvoll und schön zu gestalten: sie wird Teil sein einer neuen Weltgeschichte und einer neuen Brüderlichkeit unter den Menschen. (VI, 88)

Es gibt in der Weltgeschichte nur zwei Perioden von einiger Bedeutung. Die erste ist das Auftreten eines neuen künstlerischen Ausdrucksmittels und die zweite das Auftreten einer neuen Persönlichkeit, ebenfalls für die Kunst. (I, 20)

Die romantische Kunst beginnt mit ihrem Gipfel. (I, 216)

Es gibt wenige unter uns, die nicht mitunter vor dem Morgengrauen erwacht sind, entweder nach einer von jenen traumlosen Nächten, die uns in den Tod verliebt machen, oder nach einer von jenen Nächten des Grausens und der entstellten Lust, wenn durch die Kammern des Gehirns Phantome geistern, die schrecklicher sind als die Wirklichkeit selbst und erfüllt von jenem kräftigen Leben, das in allem Grotesken lauert und das der gotischen Kunst ihre dauernde Lebensfähigkeit gibt, da diese Kunst, so möchte man meinen, vor allem die Kunst jener ist, deren Geist getrübt ist von der Krankheit des Träumens. (I, 146)

In einem sehr häßlichen und empfänglichen Zeitalter borgen die Künste nicht vom Leben, sondern untereinander. (VII, 57)

Gerade durch ihre Unvollständigkeit gelangt die Kunst zur vollendeten Schönheit und wendet sich darum nicht an die Fähigkeit des Wiedererkennens oder des Verstandes, sondern allein an den ästhetischen Sinn, für den der Verstand und das Wiedererkennen nur Grade der Wahrnehmung sind, die er jedoch beide dem reinen synthetischen Eindruck des Kunstwerkes als Ganzes unterordnet, und der die Komplexität der fremdartigsten Gefühlselemente, die ein Werk besitzen mag, gerade dazu benutzt, um dem letzten Eindruck des Kunstwerkes eine reichere Einheit hinzuzufügen. (VII, 105)

Für die ästhetische Empfindung ist das Unbestimmte immer abstoßend. Die Griechen waren ein Volk von Künstlern, weil sie vom Gefühl der Unendlichkeit verschont blieben. (VII, 118)

Nichts als das Konkrete kann uns befriedigen. (VII, 118)

Meinungsverschiedenheit über ein Kunstwerk zeigt an, daß das Werk neu, kompliziert und wesentlich ist. (I, 10)

In der Tat benutzen die Leute die Klassiker eines Landes als Mittel, um die Entwicklung der Kunst aufzuhalten. (. . .) Sie benutzen sie als Knüppel, um den freien Ausdruck der Schönheit in neuen Formen zu verhindern. Sie fragen den Schriftsteller immer, warum er nicht schreibt wie irgendein anderer, oder den Maler, warum er nicht wie ein anderer malt, wobei sie vergessen, daß jeder von ihnen, wenn er etwas Derartiges versuchte, aufhören würde, Künstler zu sein. Eine neue Art der Schönheit ist ihnen absolut verhaßt, und sooft sie ihr begegnen, geraten sie in solche Wut und Verwirrung, daß sie stets zwei törichte Ausdrücke bereit haben – den einen, daß das Kunstwerk ganz und gar unverständlich, den anderen, daß das Kunstwerk ganz und gar amoralisch sei. Sie scheinen damit folgendes ausdrücken zu wollen. Wenn sie sagen, ein Werk sei völlig unverständlich, so meinen sie damit, der Künstler habe etwas Schönes geschaffen, das neu ist; wenn sie ein Werk als ganz und gar amoralisch bezeichnen, so meinen sie damit, der Künstler hat etwas Schönes gesagt oder geschaffen, das wahr ist. Die erste Bezeichnung gilt dem Stil; die zweite dem Stoff. (VII, 232)

Jedes Publikum verabscheut das Neue, weil es sich davor fürchtet. Das Publikum sieht darin eine Form des Individualismus, eine Betonung von seiten des Künstlers, daß er sich seinen eigenen Stoff wählt und ihn nach seiner Vorstellung behandelt. Das Publikum hat ganz recht mit seiner Haltung. (VII, 231)

Kunst ist Individualismus, und Individualismus ist eine aufrührerische, desintegrierende Macht. Darin liegt sein unschätzbarer Wert. Denn was der Individualismus aufzustören versucht, das ist die Eintönigkeit des Typischen, die Sklaverei des Hergebrachten, die Tyrannis der Gewohnheit, die Herabsetzung des Menschen auf das Niveau einer Maschine. (VII, 231)

In der Kunst läßt das Publikum das Vergangene gelten, weil es nicht mehr zu ändern ist, und keinesfalls weil man es schätzt. Es verschluckt seine Klassiker im ganzen, ohne jemals auf den Geschmack zu kommen. Es läßt sie als etwas Unvermeidliches über sich ergehen, und da es sie nicht verderben kann, schwätzt es über sie. (VII, 231)

Je abstrakter und ideeller eine Kunst ist, um so mehr offenbart sie uns den Charakter ihrer Zeit. Wenn wir ein Volk durch seine Kunst begreifen wollen, müssen wir seine Architektur und seine Musik betrachten. (VII, 37)

Die Kunst drückt nichts als sich selbst aus. Das ist der Hauptsatz meiner neuen Ästhetik. (VII, 36)

Kunst und Ethik (...) Wenn man sie vermischt, kehrt das Chaos zurück. (VII, 132)

Die Kunst steht außerhalb der Ethik, denn sie richtet ihr Augenmerk auf das Schöne, das Unsterbliche und ewig Wechselvolle. Zur Ethik gehören die niedrigeren und weniger intellektuellen Bereiche. (VII, 132)

Es ist eine traurige Wahrheit, daß wir die Fähigkeit verloren haben, Dingen hübsche Namen zu geben. Namen sind alles. Ich streite nie um Handlungen. Mein Streit geht nur um Worte.

Das ist der Grund, warum ich vulgären Realismus in der Literatur hasse. Der Mann, der einen Spaten Spaten nennen konnte, sollte gezwungen werden, einen zu benutzen. Das ist das einzige, wozu er taugt. (I, 211)

Die einzig glaubwürdigen Portraits sind Bilder, in denen sehr wenig von dem Modell und sehr viel vom Künstler enthalten ist. (VII, 39)

Der Stil allein macht uns die Dinge glaubhaft – und nur der Stil. Die meisten unserer modernen Portraitmaler sind zur absoluten Vergessenheit verdammt. Sie malen nie, was sie sehen. Sie malen, was das Publikum sieht, und das Publikum sieht nie etwas. (VII, 39)

Jedes Portrait, das mit Gefühl gemalt wurde, ist ein Portrait des Künstlers, nicht dessen, der ihm dafür gesessen hat. Dieser ist nur Zufall, nur die Gelegenheit. Nicht er wird durch den Maler offenbart, vielmehr ist es der Maler selbst, der sich auf der farbigen Leinwand offenbart. (I, 15)

Was ist die Wahrheit? In Fragen der Religion ist es einfach die Anschauungsweise, die überlebt hat. In Fragen der Wissenschaft die neueste Entdeckung. In Fragen der Kunst ist es die letzte Stimmung. (VII, 129)

Der Weg der Paradoxe ist der Weg der Wahrheit. Um die Wahrheit zu prüfen, müssen wir sie seiltanzen sehen. Wenn die Wahrheiten Akrobaten werden, können wir sie beurteilen. (I, 51)

Die Wahrheit ist selten rein und niemals einfach. Unser heutiges Leben wäre sonst sehr langweilig und unsere moderne Literatur schlechterdings eine Unmöglichkeit! (III, 263)

So wird jenen, die die Wahrheit mehr lieben als die Schönheit, das letzte Geheimnis der Kunst immer verborgen bleiben. (VII, 42)

Wenn man die Wahrheit sagt, kann man sicher sein, früher oder später ertappt zu werden. (VII, 254)

Eine Wahrheit hört auf, wahr zu sein, wenn sie von mehr als einer Person geglaubt wird. (VII, 254)

Nichts von dem, das sich tatsächlich ereignet, ist von irgendwelcher Bedeutung. (VII, 253)

Es ist eine schreckliche Sache für einen Mann, wenn er plötzlich entdeckt, daß er sein Leben lang nichts als die Wahrheit gesagt hat. (III, 325)

Er würde der beste Kerl sein, wenn er nur nicht immer die Wahrheit sagen wollte. (II, 222)

Die Wahrheit ist etwas, wovon ich mich so bald wie möglich befreie! (III, 195)

Nicht so große Worte. Sie besagen so wenig. (III, 230)

Ich könnte es nicht anwenden. Es ist allzu wahr. (I, 212)

Die Engländer entwerten immer Wahrheiten zu Fakten. Wenn eine Wahrheit zum Faktum wird, verliert sie jeden intellektuellen Wert. (IX, 963)

Der Grund, warum wir alle so gern gut von anderen denken, ist der, daß wir uns alle vor uns selbst fürchten. Der Ausgangspunkt des Optimismus ist schiere Angst. (I, 87)

Fragen sind nie indiskret. Antworten bisweilen. (III, 162)

Man kann eine Geschichte ihrer Wahrhaftigkeit berauben, wenn man versucht, sie allzu wirklichkeitsgetreu zu gestalten. (VII, 14)

Was wir zu tun haben, was unsere Pflicht ist um jeden Preis, ist diese alte Kunst des Lügens zu erneuern. (VII, 41)

Worin besteht denn das Wesen der schönen Lüge? Einfach darin, daß sie den Beweis in sich trägt. Ist einer so arm an Phantasie und muß seine Lüge beweisen, sollte er lieber gleich die Wahrheit sprechen. (VII, 11)

Die einzige Form des Lügens, die keine Kritik antasten kann, ist das Lügen um seiner selbst willen, und (...) ihre höchste Entwicklungsstufe die Lüge in der Kunst. (VII, 42)

Leben und Moralität

Wirklich zu leben ist das Kostbarste auf der Welt. Die meisten Menschen existieren bloß, sonst nichts. (VII, 219)

Im Leben gibt es tatsächlich nichts Entscheidendes oder Unwichtiges. Alle Dinge sind gleichwertig und gleichgewichtig. (IX, 446)

Völlig frei zu sein und zugleich völlig unter der Herrschaft des Gesetzes zu stehen, ist das ewige Paradoxon des Menschenlebens, das jeder Augenblick uns spürbar macht. (IX, 463)

Die erste Pflicht im Leben besteht darin, so künstlich wie möglich zu sein. Worin die zweite Pflicht besteht, hat noch niemand herausgefunden. (VII, 253)

Ich weiß nur, daß das Leben nicht ohne barmherzige Nachsicht begriffen, nicht ohne barmherzige Nachsicht gelebt werden kann. (III, 197)

Man sollte Anteil nehmen an der Freude, der Schönheit, der Farbigkeit des Lebens. Je weniger über die Kümmernisse des Lebens gesagt wird, (...) desto besser. (III, 87)

»Die Seele ist alt geboren und wird jung. Das ist die Komödie des Lebens.« »Und der Leib ist jung geboren und wird alt. Das ist die Tragödie des Lebens.« (III, 94)

»Das Buch des Lebens beginnt mit einem Mann und einer Frau in einem Garten.« »Und endet mit Offenbarungen.«

(III, 95)

Die Welt ist von Narren gemacht, damit Weise darin leben.

(III, 122)

Meiner Ansicht nach ist das Geheimnis des Lebens überhaupt, die Dinge sehr, sehr leichtzunehmen. (III, 126)

Das Geheimnis des Lebens ist, nie eine Gemütsbewegung zu haben, die unkleidsam ist. (III, 126)

Das Geheimnis des Lebens ist, daß man das Vergnügen schätzt, sich schrecklich, schrecklich zu irren. (III, 126)

Des Lebens Geheimnis – es liegt in der Kunst. (VI, 72)

Die Form ist alles. Sie ist das Geheimnis des Lebens. Gib der Trauer Ausdruck, und sie wird dir teuer. Gib der Freude Ausdruck, und sie vertieft dein Entzücken. Willst du Liebe empfinden? Dann stimme eine Liebeslitanei an, und die Worte werden jene Sehnsucht hervorrufen, von der die Welt glaubt, daß sie ihr entströmen. Zernagt Gram dein Herz? Dann tauche in die Sprache des Grams ein, lerne ihren Ausdruck von Prinz Hamlet und der Königin Constantia, und du wirst entdecken, daß der reine Ausdruck eine Form der Tröstung ist und daß die Form, die der Ursprung der Leidenschaft ist, gleichzeitig den Tod des Schmerzes bedeutet. (VII, 138)

Die Suche nach der Schönheit (ist) das wahre Geheimnis des Lebens. (I, 60)

Gewöhnliche Leute warteten, bis ihnen das Leben seine Geheimnisse erschloß, doch den wenigen Auserwählten wurden die Mysterien des Lebens enthüllt, ehe der Schleier (der Jugend) fortgezogen war. (I, 70)

Man sollte die Farbe des Lebens in sich aufnehmen, sich aber nie an seine Einzelheiten erinnern. Einzelheiten sind immer gewöhnlich. (I, 115)

Das Leben hält stets Mohn in den Händen. (I, 115)

Sie wollen mir doch nicht erzählen, Sie hätten das Leben erschöpft. Wenn einer das sagt, weiß man, daß das Leben ihn erschöpft hat. (I, 196)

Alles wird zum Genuß, wenn man es zu oft tut. (. . .) Das ist eines der wichtigsten Geheimnisse im Leben. (I, 231)

Wenn ein Mensch das Leben künstlerisch ansieht, dann ist sein Hirn für ihn das Herz. (I, 233)

Das Leben wird nicht von Wille und Absicht regiert. Das Leben ist eine Frage der Nerven und Fibern, der langsam aufgebauten Zellen, in denen sich der Gedanke verbirgt und die Leidenschaft ihre Träume hat. (I, 235)

In dieser Welt gibt es nur zwei Tragödien. Die eine ist, nicht zu bekommen, was man möchte, und die andere ist, es zu bekommen. (III, 57/58)

Gefahr ist im heutigen Leben so selten geworden. (III, 83)

Ich überrasche mich immer selbst. Das ist das einzige, was das Leben lebenswert macht. (III, 125)

Das Lebensziel, wenn man eins hat, ist einfach, stets nach Versuchungen Ausschau zu halten. Es gibt nicht annähernd genug. Mitunter verbringe ich einen ganzen Tag, ohne auch nur auf eine einzige zu stoßen. Das ist ganz fürchterlich. Das macht einen so nervös wegen der Zukunft. (III, 126)

Das Leben ist niemals gerecht. (. . .) Und vielleicht ist es für die meisten von uns gut, daß es nicht gerecht ist. (III, 186)

Gedächtnis (. . .) ist das Tagebuch, das wir alle bei uns tragen. (III, 282)

In Freiheit mit Blumen, Büchern und dem Mond – wer könnte da nicht glücklich sein? (IX, 520)

Es gibt zwei Arten von Menschen auf Erden, zwei große Überzeugungen, zwei unterschiedliche Wesensformen: nämlich die eine, für die das Leben Betriebsamkeit ist, und die andere, der es Nachdenken bedeutet. (VI, 69)

Dieser junge Dandy (. . .) erkannte, daß das Leben selbst eine Kunst ist und seine Stilformen hat, nicht weniger als die Künste, die es auszudrücken versucht. (VII, 49)

Philosophisch gesprochen ist die Grundlage des Lebens – die Energie des Lebens, wie Aristoteles sagen würde – einfach das Verlangen nach Ausdruck, und die Kunst bietet immer die mannigfaltigsten Formen dar, durch welche der Ausdruck erreicht werden kann. Das Leben greift sie auf und benutzt sie, selbst wenn sie zu seinem Verderben sind. (VII, 34)

Der Mensch ist, wenn er handelt, eine Marionette. Wenn er etwas schildert, ist er ein Dichter. Darin liegt das ganze Geheimnis. (VII, 93)

Die Welt wird durch den Sänger für den Träumer geschaffen. (VII, 95)

Wer in seine Vergangenheit schaut, verdient nicht, eine Zukunft vor sich zu haben, in die er schauen könnte. (VII, 128)

In allen unwichtigen Dingen ist Stil, nicht Aufrichtigkeit, das Wesentliche. In allen wichtigen Dingen ist Stil, nicht Aufrichtigkeit, das Wesentliche. (VII, 253)

Der Häßliche und der Dumme kommen auf dieser Welt am besten weg. Sie können gemütlich dasitzen und das Spiel begaffen. Wenn sie auch nichts vom Sieg wissen, es bleibt ihnen zumindest erspart, die Niederlage kennenzulernen. Sie leben so, wie wir alle leben sollten, ungestört, gleichgültig und ohne Ruhelosigkeit. Sie bringen weder Verderben über andere, noch wird ihnen dergleichen durch andere zuteil. (I, 13)

Ich bin dahin gelangt, die Verschwiegenheit zu lieben. Sie scheint mir das einzige zu sein, was uns heutzutage unser Leben geheimnisvoll und wunderbar machen kann. Das Alltäglichste wird reizvoll, wenn man es verheimlicht. (I, 14)

Eine Sensation kann man nie zu teuer bezahlen. (I, 69)

Es kommt häufig vor, daß wir mit anderen zu experimentieren glauben und dabei in Wahrheit mit uns selbst experimentieren. (I, 71)

Ich liebe das Spiel. Es ist soviel wirklicher als das Leben. (I, 92)

Häufig spielen sich die echten Lebenstragödien auf so unkünstlerische Weise ab, daß sie uns durch ihre rohe Gewalt, durch ihre absolute Inkonsequenz, durch ihre abgeschmackte Sinnlosigkeit, ihren völligen Mangel an Stil verletzen. (I, 114)

Seines eigenen Lebens Zuschauer zu werden bedeutet, (. . .) den Leiden des Lebens zu entrinnen. (I, 124)

So etwas wie ein Omen gibt es nicht. Das Schicksal sendet uns keine Herolde. Dazu ist es zu weise oder zu grausam. (I, 221)

Aber für seine eigenen Fehler zu leiden – ach! – das ist der Stachel des Lebens. (III, 25)

Ich habe häufig Gewissensgeld gezahlt. Ich hegte die abenteuerliche Hoffnung, ich könnte das Schicksal besänftigen. (III, 190)

Kein Mensch kann leben, wenn er sich noch seines Nächsten Bürde auf die Schultern lädt. (IV, 49)

Ich hab die Welt nicht gemacht. Mögen Gott und der Zar sich um sie kümmern. (IV, 48)

Kein Verbrechen ist gewöhnlich, aber Gewöhnlichkeit ist ein Verbrechen. Gewöhnlich ist das Benehmen der anderen. (VII, 254)

Ich selbst würde alles für eine neue Erfahrung hingeben und weiß doch, daß es so etwas wie eine neue Erfahrung überhaupt nicht gibt. (VIII, 212)

Ich glaube, ich wäre eher bereit, für das zu sterben, woran ich nicht glaube, als für das, was ich als wahr erachte. Ich würde den Scheiterhaufen besteigen um eines Gefühls willen und Skeptiker bleiben, bis zuletzt! (VIII, 212)

Nur eins wird für mich immer unendlich faszinierend sein, das Mysterium der Stimmungen. Herr über diese Stimmungen zu sein, ist köstlich, von ihnen beherrscht zu werden noch köstlicher. (VIII, 212)

Es gibt schreckliche Versuchungen, und es erfordert Kraft, Kraft und Mut, ihnen nachzugeben. (III, 189)

Sein ganzes Leben in einem einzigen Augenblick aufs Spiel zu setzen, alles mit einem Wurf zu wagen, einerlei ob der Preis Macht oder Lust ist – darin liegt keine Schwäche. Darin liegt ein entsetzlicher, ein gewaltiger Mut. (III, 189)

Ich kann allem widerstehen, außer der Versuchung. (III, 16)

Vergnügen ist das einzige, wofür man leben sollte. Nichts altert so schnell wie das Glück. (VII, 254)

Wer verlangt Konsequenz? Der Dummkopf und der Doktrinär, diese langweiligen Leute, die immer an ihren Prinzipien festhalten bis zum bitteren Ende, bis die Praxis sie ad absurdum führte. Ich verlange sie wahrhaftig nicht. Ich schreibe, wie Emerson, über die Tür meiner Bibliothek das Wort »Laune«. (VII, 11)

Das Leben fordert uns einen allzu hohen Preis ab für seine Güter, und was wir ihm für das kläglichste seiner Geheimnisse zu entrichten haben, ist ungeheuerlich, ist ohne Maß. (VII, 115)

Vergnügen, Vergnügen! Was sonst sollte einen irgendwohin führen? (III, 258)

Die Verehrung der Sinne ist oft und sehr zu Recht geschmäht worden, da die Menschen instinktiv ein natürliches Angstgefühl vor Leidenschaften und Gemütsregungen empfinden, die stärker zu sein scheinen als sie selbst und von denen sie wissen, daß sie sie mit den weniger hochorganisierten Lebewesen teilen. (I, 145)

Er wußte, daß die Sinne nicht weniger als die Seele ihre geistigen Geheimnisse zu offenbaren haben. (I, 148)

Nur die Sinne können die Seele heilen, so wie nur die Seele die Sinne heilen kann. (I, 31)

Ein neuer Hedonismus – das ist es, was unser Jahrhundert braucht. (I, 33)

Simple Vergnügen. Sie sind die letzte Zuflucht der Komplizierten. (III, 95)

Ich habe nie das Glück gesucht. Wer braucht Glück? Ich habe den Genuß gesucht. (I, 215)

Ich kann eine Gemütsbewegung nicht wiederholen. Niemand kann das, außer den Sentimentalen. (I, 123)

Nur oberflächliche Leute brauchen Jahre, um ein Gefühl loszuwerden. Einer, der seiner selbst Herr ist, kann einen Kummer so leicht beenden, wie er sich ein Vergnügen ausdenken kann. (I, 122)

Gut sein heißt mit sich selbst in Einklang sein. (I, 91)

Mißklang ist die Nötigung, mit anderen zu harmonisieren. Das eigene Leben – das ist das Wichtigste. (I, 91)

Optimismus beginnt mit einem breiten Grinsen, und Pessimismus endet mit einer blauen Brille. Außerdem sind beide nur Pose. (III, 161)

Alle Beweggründe sind albern. (III, 165)

Man sollte immer ehrlich spielen – wenn man die Trümpfe in der Hand hat. (III, 175)

Man sollte immer etwas unglaubhaft sein. (VII, 254)

Nur die Oberflächlichen kennen sich selbst. (VII, 254)

Sich selbst zu lieben, ist der Beginn einer lebenslangen Romanze. (VII, 255)

Wer zwischen Seele und Körper irgendeinen Unterschied sieht, besitzt keines von beidem. (VII, 253)

Die Harmonie von Seele und Leib – wieviel das bedeutet! Wir in unserm Wahnsinn haben die beiden getrennt und einen Realismus erfunden, der vulgär ist, eine Idealität, die unwirksam ist. (I, 21)

Dennoch glaube ich, wenn auch nur ein einziger sein Leben voll und ganz auslebte, jedem Gefühl Gestalt und jedem Gedanken Ausdruck gäbe und jeden Traum verwirklichte – dann, glaube ich, würde die Welt einen so frischen Antrieb zur Freude erhalten, daß wir all die mittelalterlichen Krankheiten vergessen und zu dem hellenischen Ideal zurückkehren würden – möglicherweise zu etwas Schönerem, Köstlicherem als dem hellenischen Ideal. (I, 28)

Seine Seele in eine anmutige Form zu gießen und sie einen Augenblick darin verweilen zu lassen; die Ansichten des eigenen Geistes als Echo zurückkehren zu hören, bereichert um den Wohlklang von Leidenschaft und Jugend; die eigene Stimmung dem andern zu vermitteln, als wäre sie ein feines Fluidum oder ein seltsamer Duft: darin lag eine echte Freude – möglicherweise die am meisten befriedigende Freude, die uns in einer so beschränkten und vulgären Zeit geblieben war, in einer Zeit, die überaus sinnlich in ihren Genüssen und überaus gewöhnlich in ihren Zielen war. (I, 47)

Die Basis des Charakters ist die Willenskraft. (IX, 445)

Noch immer bleibt auf dem Gebiet der Seelenforschung viel zu tun. (. . .) Wir haben nur die Oberfläche der Seele berührt, nichts weiter. In einer einzigen Gehirnzelle sind schönere und schrecklichere Dinge bewahrt, als selbst jene sich erträumen ließen. (VII, 142)

Die Seele des Menschen ist nicht an eine Erscheinungsform gebunden. Es gibt so viele Möglichkeiten der Vollkommenheit, wie es unvollkommene Menschen gibt. (VII, 224)

Erfahrung ist der Name, den jeder seinen Irrtümern gibt. (III, 58)

Jeder Erfolg, den wir erzielen, verschafft uns einen Feind. Um beliebt zu sein, muß man ein unbedeutender Mensch sein. (I, 214)

Man sollte nie etwas tun, worüber man nach Tisch nicht plaudern kann. (I, 231)

Ich habe keine Angst vor dem Tod. Das Nahen des Todes ist es, wovor mir graust. (I, 221)

Eine Zigarette ist das vollendete Beispiel eines vollendeten Genusses. Sie ist köstlich und läßt einen unbefriedigt. (I, 92)

Erziehung ist eine wunderbare Sache, doch muß man sich von Zeit zu Zeit besinnen, daß nichts, was von Wert ist, gelehrt werden kann. (VII, 79)

Natürlich sein ist bloß Pose, und die aufreizendste, die ich kenne. (I, 15)

Lachen ist durchaus kein schlechter Beginn für eine Freundschaft und ihr bei weitem bestes Ende. (I, 18)

Ich mache einen großen Unterschied zwischen den Leuten. Ich erwähle meine Freunde nach ihrem guten Aussehen, meine

Bekannten nach ihrem guten Namen und meine Feinde nach ihrer gesunden Vernunft. Man kann nicht vorsichtig genug sein in der Wahl seiner Feinde. Ich besitze nicht einen, der ein Dummkopf wäre. Alle sind Menschen von einer gewissen geistigen Fähigkeit, und deshalb schätzen sie mich alle. (I, 18)

Mir sind Menschen lieber als Prinzipien, und Menschen ohne Prinzipien sind mir lieber als sonst etwas auf der Welt. (I, 20)

Nur Dumme urteilen nicht nach dem, was sie sehen. Das wahre Geheimnis der Welt ist das Sichtbare, nicht das Unsichtbare. (I, 32)

Philanthropen verlieren jedes Gefühl für Menschlichkeit. Das ist ihr hervorstechender Charakterzug. (I, 46)

Nur die oberflächlichen Qualitäten überdauern. Die tiefere Natur des Menschen wird bald entlarvt. (VII, 255)

Eigentlich sage ich gewöhnlich, was ich wirklich denke. Heutzutage ein großer Fehler. Man setzt sich so sehr der Gefahr aus, verstanden zu werden. (III, 190)

Eine strenge und unumstößliche Regel, was man lesen sollte und was nicht, ist albern. Man sollte alles lesen. Mehr als die Hälfte unserer heutigen Bildung verdanken wir dem, was man nicht lesen sollte. (III, 261)

Ich weiß natürlich, wie wichtig es ist, eine geschäftliche Verabredung nicht einzuhalten, wenn man sich ein Gefühl für die Schönheit des Lebens bewahren will. (III, 285)

Ich habe nie Appetit, wenn ich nicht zuerst eine Blume fürs Knopfloch habe. (III, 286)

Es ist immer schmerzhaft, sich von Leuten zu trennen, die man für sehr kurze Zeit gekannt hat. Die Abwesenheit alter Freunde kann man mit Gleichmut ertragen. Aber die vorübergehende Trennung von jemandem, dem man gerade vorgestellt wurde, ist fast unerträglich. (III, 294)

Ich reise nie ohne mein Tagebuch. Man sollte im Zug immer etwas Aufregendes zum Lesen haben. (III, 302)

Schauspieler sind so glücklich dran. Sie können sich aussuchen, ob sie in einer Tragödie oder in einer Komödie auftreten wollen, ob sie leiden oder vergnügt sein, lachen oder Tränen vergießen wollen. Aber im wirklichen Leben ist das anders. Die meisten Männer und Frauen sind gezwungen, Rollen zu spielen, für die sie nicht geeignet sind. (II, 160)

Die Welt ist eine Bühne, aber das Stück ist schlecht besetzt. (II, 160)

Handlungen sind die erste Tragödie im Leben, Worte die zweite. Worte sind vielleicht die schlimmste. Worte sind erbarmungslos ... (III, 62)

Wenn ich mich im Park herumtrieb oder die Picadilly hinabschlenderte, pflegte ich jeden anzusehen, der an mir vorüberging, und mich mit wahnsinniger Neugier zu fragen, welch ein Leben er wohl führen mochte. Manche faszinierten mich. Andere erfüllten mich mit Schrecken. Ein köstliches Gift lag in der Luft. Ich empfand ein heftiges Verlangen nach Sensationen … (I, 59)

Ich verabscheue meine Verwandten. Das kommt vermutlich daher, daß unsereins es nicht ausstehen kann, wenn andere Leute dieselben Fehler haben wie wir. (I, 19)

Verdammte Plage, die Verwandten! Aber sie machen einen so verdammt achtbar. (III, 31)

Zuerst lieben die Kinder ihre Eltern. Nach einer gewissen Zeit fällen sie ihr Urteil über sie. Und selten, wenn überhaupt je, verzeihen sie ihnen. (III, 116)

Die Liebe einer Mutter ist natürlich sehr rührend, aber oft merkwürdig egoistisch. (III, 119)

Ihre Mutter ist eine herzensgute Frau. Aber gute Frauen haben so beschränkte Ansichten vom Leben, ihr Horizont ist so eng, ihre Interessen so unbedeutend. (III, 119)

Einmal in der Woche mit den eigenen Verwandten zu speisen genügt vollauf. (III, 264)

Da ich jetzt darüber nachdenke, fällt mir ein, daß ich nie einen Mann seinen Bruder habe erwähnen hören. Der Gegenstand ist anscheinend den meisten Männern zuwider. (III, 301)

Ich habe nie in meinem Leben einen Bruder gehabt und habe bestimmt nicht die geringste Absicht, in Zukunft je einen zu bekommen. (III, 306)

Niemand schert sich heutzutage um entfernte Verwandte. Sie sind schon vor Jahren aus der Mode gekommen. (II, 159)

Ich kenne eine Menge Leute, die hunderttausend Dollar hergeben würden, um einen Großvater zu besitzen, und noch viel mehr für ein Familiengespenst. (II, 210)

Ich fürchte, du hast dem Gespräch von Leuten zugehört, die älter sind als du. Das hat immer seine Tücken, und wenn du das zur Gewohnheit werden läßt, wirst du entdecken, wie fatal es sich auf jede intellektuelle Entwicklung auswirkt. (VII, 78)

Moral ist einfach die Haltung, die wir gegen Leute einnehmen, von denen wir persönlich nicht erbaut sind. (III, 208)

Der Schrecken vor der Gesellschaft, die das Fundament der Moral ist, der Schrecken vor Gott, der das Geheimnis der Religion ist – das sind die beiden Dinge, die uns beherrschen. (I, 28)

Kunst und Moral sind völlig verschiedene und getrennte Bereiche. (VIII, 277)

Ich billige oder mißbillige niemals etwas. Das ist eine abgeschmackte Haltung dem Leben gegenüber. Wir sind nicht in die Welt gesetzt worden, um uns mit unseren moralischen Vorurteilen aufzuspielen. (I, 86)

Genuß ist der Prüfstein der Natur, ist ihr Zeichen der Zustimmung. Wenn wir glücklich sind, sind wir immer gut; aber wenn wir gut sind, sind wir nicht immer glücklich. (I, 90)

Ich moralisiere nie. Ein Mann, der moralisiert, ist gewöhnlich ein Heuchler, und eine Frau, die moralisiert, ist unweigerlich häßlich. (III, 56)

Intellektuelle Verallgemeinerungen sind stets interessant, aber moralische Verallgemeinerungen bedeuten absolut nichts.

(III, 114)

Der einzige Unterschied zwischen dem Heiligen und dem Sünder ist, daß jeder Heilige eine Vergangenheit hat und jeder Sünder eine Zukunft. (III, 123)

Wenn Sünder zu Heiligen sprechen, sind sie immer roh.

(III, 223)

Romantische Kunst befaßt sich mit dem Ausnahmefall und mit dem Individuum. Gute Menschen, da sie nun einmal normale und daher alltägliche Typen sind, sind künstlerisch unergiebig. Böse Menschen sind, künstlerisch gesehen, faszinierende Studienobjekte. Sie sind farbig, anders, fremdartig.

(VIII, 279)

Gute Menschen reizen die Geduld, böse Menschen reizen die Phantasie. (VIII, 279)

Der Puritanismus ist niemals so offensiv und destruktiv wie in seinem Verhalten zur Kunst. Auf diesem Gebiet ist sein Einfluß von Grund auf schädlich. (VIII, 281)

Außerdem hat er die schlimme Angewohnheit, sich in moralischen Platitüden zu ergehen. Er versichert uns andauernd, gut sein, bedeute gut sein und böse sein, bedeute böse sein. Manchmal wirkt er fast erbaulich. (VII, 15)

Der Tugendbold ist ein höchst interessantes psychologisches Phänomen, und obwohl von allen Arten der Pose die moralische die anstößigste ist, will es immerhin etwas heißen, überhaupt eine Pose zu haben. (VII, 122)

Es ist ein Verhängnis mit allen guten Vorsätzen. Sie werden unweigerlich zu früh gefaßt. (VII, 254)

Jede Beschäftigung mit Vorstellungen von gutem und schlechtem Benehmen zeigt einen Stillstand in der geistigen Entwicklung an. (VII, 254)

Gute Vorsätze sind nutzlose Versuche, in wissenschaftliche Gesetze einzugreifen. Ihr Ursprung ist pure Eitelkeit. Ihr Resultat ist entschieden gleich Null. (I, 113)

Gute Vorsätze (. . .) sind Schecks, auf eine Bank gezogen, bei der man kein Konto hat. (I, 113)

Das Gewissen macht uns alle zu Egoisten. (I, 116)

Die Nächstenliebe ruft eine Menge Unheil hervor. (. . .) Das bloße Vorhandensein des Gewissens, dieser Fähigkeit, von der die Menschen heutzutage so töricht daherreden und auf die sie aus Unwissenheit so stolz sind, ist ein Zeichen unserer unvollkommenen Entwicklung. (VII, 92)

Die Selbstverleugnung ist einfach eine Methode, durch die der Mensch sein Wachstum hemmt, und die Selbstaufopferung ist ein Überbleibsel von der Verstümmelung der Wilden, ein Rest jener uralten Anbetung des Schmerzes, der ein so schrecklicher Faktor in der Weltgeschichte ist und der sogar jetzt noch Tag für Tag seine Opfer fordert und dessen Altäre überall stehen.

(VII, 92)

Tugenden! Wer weiß, was Tugenden sind, du nicht, ich nicht, niemand. (VII, 92)

Alle Nachahmung in Dingen der Moral und im Leben ist von Übel. (VII, 224)

Jedes Mitgefühl ist edel, aber Mitgefühl mit dem Leiden ist am wenigsten edel. Es ist mit Selbstsucht vermischt. Es trägt den Keim des Ungesunden in sich. Es liegt eine gewisse Angst um unsere eigene Sicherheit darin. Wir fürchten, selbst in den gleichen Zustand wie der Aussätzige oder der Blinde zu geraten, und wir fürchten, daß dann niemand für uns sorgen würde. (...) Mitgefühl für den Schmerz wird es natürlich immer geben. (...) Es mag dem Menschen das Elend erleichtern, aber das Elend selbst bleibt. (VII, 248)

Ich kann mit allem Mitleid haben, außer mit Leiden. (...) Dafür habe ich kein Mitleid. Es ist zu häßlich, zu abscheulich und zu peinlich. Es liegt etwas schrecklich Morbides in dem heutigen Mitleid mit dem Schmerz. Man sollte die Farbe, die Schönheit, die Lebensfreude mitempfinden. Je weniger über die Betrübnisse des Lebens geredet wird, um so besser ist es. (I, 51)

Ich billige auch keineswegs dieses moderne Mitgefühl mit Kranken. Ich halte es für morbid. Krankheit, gleich welcher Art, ist schwerlich etwas, das man bei anderen ermutigen sollte. Gesundheit ist die erste Pflicht im Leben. (III, 267)

So etwas wie einen guten Einfluß gibt es nicht. (. . .) Jeder Einfluß ist unmoralisch – unmoralisch vom wissenschaftlichen Standpunkt aus. (. . .) Weil einen Menschen beeinflussen soviel bedeutet, wie ihm die eigene Seele geben. Er denkt nicht mehr seine natürlichen Gedanken oder entflammt in seinen natürlichen Leidenschaften. Seine Tugenden gehören in Wahrheit nicht ihm. Seine Sünden, wenn es so etwas wie Sünden gibt, sind geborgt. Er wird das Echo der Musik eines anderen, der Darsteller einer Rolle, die nicht für ihn geschrieben wurde. Das Ziel des Lebens ist Selbstentfaltung. Seine eigene Natur vollständig zu verwirklichen – das ist es, wozu jeder von uns da ist. Heutzutage haben die Leute Angst vor sich selbst. Sie haben die höchste aller Pflichten vergessen, die Pflicht, die man sich selbst schuldig ist. (I, 27)

Die Menschen nehmen sich selbst zu ernst. Das ist die Erbsünde der Welt. Hätte der Höhlenmensch zu lachen verstanden, wäre die Weltgeschichte anders verlaufen. (I, 52)

Er kam prinzipiell zu spät, da sein Grundsatz lautete, Pünktlichkeit stehle einem die Zeit. (I, 56)

Ihr Leute, die ihr soviel Wert auf Konsequenz legt, habt genauso viele Launen wie andere. Der einzige Unterschied ist, daß eure Launen ziemlich sinnlos sind. (I, 127)

Mäßigung ist eine fatale Sache. Genug ist so schlecht wie eine Mahlzeit. Mehr als genug ist so gut wie ein Festschmaus. (I, 197)

Pflicht ist das, was man von andern erwartet, nicht, was man selbst tut. (III, 114)

Maß ist etwas Verhängnisvolles. (. . .) Nichts ist so erfolgreich wie das Übermaß. (III, 126)

Die Stoiker. Es sind unkultivierte Leute. Sie sind lächerlich. (IV, 24)

Weder Kunst noch Wissenschaft kennen moralische Zustimmung oder Ablehnung. (VII, 67)

Die Moral ist mir keine Stütze. Ich bin der geborene Antinomist. Ich gehöre zu denen, die für die Ausnahmen geschaffen sind, nicht für die Regel. (IX, 493)

Während ich weiß, daß in dem, was man tut, nie ein Unrecht liegt, sehe ich ein, daß in dem, was man wird, Unrecht liegen kann. Es ist gut, das gelernt zu haben. (IX, 493)

Wer Buße tut in Sack und Asche, ist ein Tropf, doch wer Buße tut mit einem Anzug von Doré, den er einem anderen schenken will, ist des Paradieses würdig. (IX, 832)

Ich habe nie einen moralwütigen Menschen getroffen, der nicht herzlos, grausam, rachsüchtig, strohdumm und ohne die geringste Menschenliebe gewesen wäre. Sogenannte moralische Menschen sind wilde Tiere. Lieber hätte ich fünfzig unnatürliche Laster als eine unnatürliche Tugend. Denn die unnatürliche Tugend macht denen, die Leid tragen, die Welt zur vorzeitigen Hölle. (IX, 761)

Dennoch besteht kein Zweifel darüber, daß Genie länger währt als Schönheit. Das erklärt die Tatsache, daß wir uns alle solche Mühe geben, uns übermäßig zu bilden. In dem wilden Kampf ums Dasein brauchen wir etwas Dauerhaftes, und deshalb stopfen wir uns den Kopf voll mit Abfall und Wahrheiten, in der törichten Hoffnung, unsern Platz zu behaupten. Der gründlich Gebildete – er ist das heutige Ideal. Und der Geist des gründlich Gebildeten ist etwas Fürchterliches. Er gleicht einem Antiquitätenladen: nichts als Scheußlichkeiten und Staub, und alles über seinen eigentlichen Wert veranschlagt. (I, 22)

Ich liebe es, Genies anzuschauen und schönen Leuten zuzuhören. (III, 168)

Genies reden soviel. (...) Eine so schlechte Angewohnheit! Und immer denken sie über sich selbst nach. (III, 200)

Das Publikum (...) verzeiht alles – außer Genie. (VII, 69)

Der Ausdruck der vollkommenen Persönlichkeit ist nicht Empörung, sondern Ruhe. (VII, 220)

Die wahre Persönlichkeit des Menschen wird wunderbar sein, wenn sie in Erscheinung tritt. Sie wird natürlich und einfach wachsen, wie eine Blume oder wie ein Baum wächst. Sie wird nicht zwiespältig sein. Sie wird nicht überreden wollen und nicht streiten. Sie wird nichts beweisen wollen. Sie wird alles wissen. Und doch wird sie sich nicht um das Wissen bemühen. Sie wird Weisheit besitzen. Ihr Wert wird nicht an materiellen Maßstäben gemessen werden. Sie wird nichts ihr eigen nennen. Und doch wird sie über alles verfügen, und was immer man ihr wegnimmt, wird sie nicht ärmer machen, so groß wird ihr Reichtum sein. Sie wird sich anderen nicht aufdrängen oder verlangen, wie sie selbst zu sein. Sie wird sie lieben, weil sie so verschieden sind. Und gerade weil sie sich nicht um die andern kümmert, wird sie allen helfen, wie etwas Schönes uns hilft, durch das, was es ist. Die Persönlichkeit des Menschen wird wundervoll sein. So wundervoll wie das Wesen eines Kindes. (...) Und sie wird keine anderen Gesetze als die eigenen anerkennen; keine andere Autorität als die eigene. (VII, 220)

Für mich besteht natürlich der Sinn des Lebens darin, die eigene Persönlichkeit zu verwirklichen – die eigene Natur, und jetzt wie ehedem verwirkliche ich meine Möglichkeiten durch die Kunst. (IX, 831)

Ich weiß, daß es so etwas wie »sein Leben ändern« nicht gibt: man dreht sich nur beständig innerhalb des Kreises der eigenen Persönlichkeit. (IX, 743)

Er hatte die Abneigung, angestarrt zu werden, die Genies in ihren späten Lebensjahren bekommen und die gewöhnliche Leute nie verlieren. (I, 77)

Die meisten Leute (...) fragen: »Was tun Sie?«, wogegen die Frage: »Was denken Sie?« die einzige wäre, die ein zivilisiertes Individuum einem andern jemals zuflüstern dürfte. (VII, 117)

Das, was in den Augen der Gesellschaft die schwerste Sünde ist, deren ein Bürger sich schuldig machen kann, nämlich die Kontemplation, (ist) in den Augen der Höchstkultivierten die eigentlich menschenwürdige Beschäftigung. (VII, 117)

Dafür, daß er gelegentlich etwas übermäßig herausgeputzt ist, entschädigt er, indem er stets entschieden übermäßig gebildet ist. (I, 199)

Ich bin schwärmerisch, wahnsinnig angebetet worden. Leider. Es war eine ungeheure Last. (III, 58)

Auch ein Jünger ist einem von Nutzen. Er steht hinter dem Thron und flüstert einem im Augenblick des Triumphs ins Ohr, daß man trotz allem unsterblich sei. (IX, 964)

Jeder große Mann hat heutzutage seine Jünger, und immer ist es Judas, der die Biographie schreibt. (VII, 71)

Früher verherrlichten wir unsere Helden. Die moderne Manier ist es, sie herabzuwürdigen. Billige Ausgaben großer Bücher können etwas höchst Erfreuliches sein, aber billige Ausgaben großer Männer sind einfach abscheulich. (VII, 71)

Egoismus besteht nicht darin, daß man sein Leben nach seinen Wünschen lebt, sondern darin, daß man von anderen verlangt, daß sie so leben, wie man es wünscht. (VII, 247)

Selbstlosigkeit heißt, andere in Frieden lassen und sich nicht in ihre Angelegenheiten mischen. (VII, 247)

Es ist keineswegs egoistisch, an sich zu denken. Wer nicht an sich denkt, denkt überhaupt nicht. Es ist äußerst egoistisch, von dem Mitmenschen zu verlangen, daß er in derselben Weise denken, dieselben Meinungen haben soll. Warum sollte er das? Wenn er denken kann, wird er wahrscheinlich verschieden denken. Wenn er nicht denken kann, ist es lächerlich, überhaupt Gedanken irgendwelcher Art von ihm zu verlangen.

(VII, 247)

Unter dem Individualismus werden die Menschen ganz natürlich und vollkommen selbstlos sein (...). Auch werden die Menschen keine Egoisten mehr sein, wie sie es jetzt sind. Denn derjenige ist ein Egoist, der Ansprüche an andere macht, und der Individualist wird gar nicht den Wunsch danach verspüren. Es wird ihm kein Vergnügen bereiten. Wenn der Mensch den Individualismus verwirklicht hat, wird er auch das Mitgefühl lebhaft empfinden und es frei und spontan üben. (VII, 247)

Der Individualismus tritt mit überhaupt keinen Forderungen an den Menschen heran. Er entsteht natürlich und unvermeidlich aus dem Menschen selbst. Zu diesem Ziel tendiert alle Entwicklung hin. Zu dieser Differenzierung reifen alle Organismen heran. Er ist die Vollendung, die jeder Lebensform inhärent ist und zu der sich jede Lebensform hin entwickelt. Und so übt der Individualismus keinen Zwang auf den Menschen aus. Im Gegenteil, er sagt dem Menschen, er solle keinen Zwang auf sich dulden. Er versucht nicht, die Menschen zu zwingen, gut zu sein. Er weiß, daß die Menschen gut sind, wenn man sie in Frieden läßt. Der Mensch wird den Individualismus aus sich heraus entwickeln, und er entwickelt ihn jetzt auf diese Weise. Zu fragen, ob der Individualismus praktizierbar ist, gleicht der Frage, ob die Evolution praktizierbar ist. Evolution ist das Gesetz des Lebens, und es gibt keine andere Entwicklung als hin zum Individualismus. Wo sich diese Tendenz nicht ausdrückt, liegt immer künstlich aufgehaltenes Wachstum vor, Krankheit oder Tod. (VII, 246)

Der neue Individualismus ist der neue Hellenismus. (VII, 252)

Wer andere verstehen möchte, muß seine eigene Individualität vertiefen. (VII, 108)

Je länger man Leben und Literatur studiert, desto deutlicher empfindet man, daß hinter allem Bewundernswerten das Individuum steht und daß es nicht der Augenblick ist, der den Menschen ausmacht, sondern daß es der Mensch ist, der die Zeit erschafft. (VII, 88)

Weil die Kunst aus der Persönlichkeit kommt, kann sie sich auch nur der Persönlichkeit enthüllen, und aus der Begegnung der beiden entspringt die wahre interpretierende Kritik. (VII, 109)

Die Entwicklung der Rasse hängt von der Entwicklung des einzelnen ab, und wo die Selbsterziehung aufgehört hat, ein Ideal zu sein, da sinkt sofort der geistige Maßstab ab und geht oft ganz verloren. Wenn man auf einer Abendgesellschaft jemanden trifft, der ein ganzes Leben darauf verwandt hat, sich selbst zu erziehen, (...) erhebt man sich vom Tisch, bereichert und im Bewußtsein, daß ein hohes Ideal einen Augenblick lang unser Dasein berührt und verklärt hat. Aber statt dessen (...) neben einem Mann sitzen zu müssen, der ein ganzes Leben lang damit beschäftigt gewesen ist, andere zu erziehen! Was für eine schauderhafte Erfahrung! Wie erschreckend ist diese Unwissenheit, die unvermeidlich aus der fatalen Gewohnheit entsteht, die eigenen Ansichten mitzuteilen! Wie beschränkt ist der Gesichtskreis eines solchen Menschen! Wie sehr ödet er uns an, ja, muß er sich selbst anöden mit seinen endlosen und kläglichen Wiederholungen! Wie mangelt ihm jedes Element geistigen Wachstums! In welchem circulus vitiosus bewegt er sich ständig! (VII, 124)

Was ich unter einem vollkommenen Menschen verstehe, ist jemand, der sich unter vollkommenen Bedingungen entwickelt; jemand, der nicht verwundet, getrieben oder gelähmt oder von Gefahren umringt ist. Die meisten Persönlichkeiten sind dazu gezwungen gewesen, Rebellen zu sein. Die Hälfte ihrer Kraft ist in Auseinandersetzungen vergeudet worden. (VII, 219)

Die wahre Vollendung des Menschen liegt nicht in dem, was er besitzt, sondern in dem, was er ist. (VII, 218)

Ich bin der einzige Mensch auf der Welt, den ich gern gründlich kennenlernen würde, aber ich sehe gerade jetzt keine Möglichkeit dazu. (III, 37)

Sich selbst zu lieben ist der Beginn eines lebenslänglichen Romans. (III, 213)

Doch während der Vorsatz, ein besserer Mensch zu werden, nur gedankenloser Heuchelei entspringt, ist es das Vorrecht dessen, der gelitten hat, ein tieferer Mensch zu werden. (IX, 520)

Ich bin ein Träumer. Denn ein Träumer ist einer, der seinen Weg nur bei Mondlicht findet, und seine Strafe ist, daß er den Morgen vor der übrigen Welt dämmern sieht. (VII, 148)

Mehr als einmal vergibt die Gesellschaft dem Verbrecher. Dem Träumer vergibt sie niemals. (VII, 117)

Die Geheimnisse des Lebens und des Todes gehören nur jenen und jenen ganz allein, die der Ablauf der Zeit berührt, und die nicht bloß die Gegenwart, sondern auch die Zukunft besitzen, und die steigen und fallen können aus einer Vergangenheit des Ruhmes oder der Schande. (VII, 96)

Es gelingt nur den großen Meistern des Stils, dunkel zu sein. (VII, 255)

Er hat nie auch nur ein einziges Buch geschrieben, also kannst du dir vorstellen, wieviel er weiß. (III, 298)

Sie sind ein erstaunliches Geschöpf. Sie wissen mehr, als Sie zu wissen glauben, geradeso wie Sie weniger wissen, als Sie wissen müßten. (I, 31)

Wenn Leute mit mir übereinstimmen, habe ich immer das Gefühl, ich muß mich irren. (III, 56)

»Ich hasse es, mich bilden zu lassen!« (...) »Es bringt einen fast auf eine Ebene mit den kommerziellen Schichten.« (III, 155)

Das Unerwartete zu erwarten beweist einen durchaus modernen Intellekt. (III, 218)

Man sollte niemals anderen zuhören. Es ist ein Zeichen von Gleichgültigkeit den eigenen Zuhörern gegenüber. (IX, 964)

Unzufriedenheit ist der erste Schritt zum Vorankommen eines Mannes oder einer Nation. (III, 115)

Jeder von uns trägt Himmel und Hölle in sich. (I, 173)

Ich halte den Dandy für einen äußerst interessanten Typ, sowohl vom künstlerischen wie auch vom psychologischen Standpunkt aus. Er scheint mir auf jeden Fall weitaus interessanter als der Spießer. (VIII, 278)

Das schlimmste Laster ist die Seichtheit. (IX, 440)

Das einzig Schreckliche auf der Welt ist Langeweile. (. . .) Das ist die einzige Sünde, für die es keine Vergebung gibt. (I, 221)

Die Leute erheben ihr Geschrei wider den Sünder, doch ist es nicht der Sünder, sondern der Dummkopf, der uns zur Schande gereicht. Es gibt keine andere Sünde als die Dummheit. (VII, 146)

Bosheit ist ein Mythos, den gute Menschen erfunden haben, um die seltsame Anziehungskraft der anderen zu erklären. (VII, 253)

Die Menschheit wird Rousseau immer dafür lieben, daß er seine Sünden nicht dem Priester, sondern der Welt gebeichtet hat. (VII, 70)

Die Sünde ist etwas, das sich einem Menschen ins Gesicht schreibt. Sie läßt sich nicht verbergen. Die Leute schwatzen mitunter von geheimen Lastern. So etwas gibt es nicht. Wenn ein Nichtswürdiger ein Laster besitzt, so offenbart es sich in den Linien seines Mundes, in den herabhängenden Lidern, sogar in der Form seiner Hände. (I, 165)

Es gibt Augenblicke, so meinen die Psychologen, in denen die Leidenschaft zur Sünde oder zu dem, was die Welt Sünde nennt, eine Natur so beherrscht, daß jede Fiber des Leibes, jede Gehirnzelle von furchtbaren Trieben durchdrungen zu sein scheint. Männer wie Frauen verlieren in solchen Augenblicken die Freiheit ihres Willens. (I, 207)

Jedes Verbrechen ist vulgär, so wie Vulgarität ein Verbrechen ist. (I, 231)

Das Verbrechen ist ausschließlich Sache der niederen Klassen. Ich tadle sie deswegen nicht im geringsten. Ich möchte meinen, das Verbrechen ist für sie das, was für uns die Kunst ist, einfach eine Methode, außergewöhnliche Gemütsbewegungen hervorzurufen. (I, 231)

Pöbelhaftigkeit (. . .) das Benehmen anderer Leute. (III, 213)

Falschheit ist die Treue anderer Leute. (III, 213)

Der Nachteil, wenn man etwas stiehlt, (. . .) ist, daß man nie weiß, wie wundervoll das Gestohlene ist. (III, 232)

Ich liebe Patschen. Sie sind das einzige, was nie gefährlich ist. (III, 280)

Ich bin noch nie zuvor einem wirklich verdorbenen Menschen begegnet. Mir ist etwas bange. Ich fürchte so sehr, daß er aussehen wird wie jeder andere. (III, 284)

Das Lügen mit dem Ziel, die Jugend zu veredeln, das die Grundlage der häuslichen Erziehung bildet, ist hier und da noch Sitte bei uns, und seine Vorzüge sind in den frühen Schriften von Platos Buch ›Über den Staat‹ in so bewundernswürdiger Weise dargestellt. (VII, 41)

Das Lügen um eines monatlichen Gehaltes willen ist natürlich nur allzu bekannt in der Fleet Street, und der Beruf eines politischen Leitartikelschreibers ist nicht ohne Vorteile. (VII, 41)

Selbstaufopferung ist etwas, das durch ein Gesetz abgeschafft werden sollte. Sie ist so demoralisierend für die Leute, für die man sich aufopfert. Sie geraten immer auf einen schlechten Weg. (III, 229)

Nur geistig Verirrte streiten. (I, 22)

Weisheit und Religion

Nur Heiliges verdient, berührt zu werden. (I, 64)

Es lohnt sich immer, eine Frage zu stellen, wenn es sich auch nicht immer lohnt, eine Frage zu beantworten. (III, 192)

Erfahrung ist der Name, den die Menschen ihren Irrtümern geben. (IV, 69)

Ich möchte lieber meinen besten Freund als meinen ärgsten Feind verlieren. Denn um Freunde zu haben, braucht man nur gefällig zu sein; aber wenn ein Mann keinen Feind mehr hat, dann muß etwas Erbärmliches an ihm sein. (IV, 72)

Ansichten, Charakter und Werke eines Menschen bedeuten wenig. Mag ein Skeptiker reden wie der edle Seigneur de Montaigne, oder ein Heiliger wie der strenge Sohn der Monika, sobald er uns seine Geheimnisse offenbart, gelingt es ihm stets, unser Ohr zu bezaubern und unseren Lippen Schweigen zu gebieten. (VII, 70)

Selbsterziehung ist das wahre Ideal des Menschen. (VII, 124)

Wohlerzogene widersprechen anderen Leuten, Weise widersprechen sich selbst. (VII, 253)

Zeit ist Geldverschwendung. (VII, 254)

Ehrgeiz ist die letzte Zuflucht des Versagers. (VII, 254)

Der Fleiß ist die Wurzel aller Häßlichkeit. (VII, 255)

Nichts zu tun ist die Bestimmung der Erwählten. Handeln ist etwas Beschränktes und Relatives. Unbeschränkt und absolut ist das Blickfeld dessen, der sich ruhig zurücklehnt und schaut, der einsam und traumverloren dahinwandelt. (VII, 117)

Es ist immer schwieriger zu zerstören als zu erschaffen, und wenn das, was man zerstören muß, die Vulgarität und die Dummheit ist, so fordert die Zerstörung nicht nur Mut, sondern auch Verachtung. (VII, 135)

In Prüfungen stellen Narren Fragen, die Weise nicht beantworten können. (VII, 254)

Es ist nicht klug, der Welt sein Herz zu zeigen. (...) In unserem vulgären Zeitalter braucht jeder eine Maske. (VIII, 368)

Konventionell sein heißt, Komödiant sein. Eine bestimmte Rolle spielen ist aber etwas ganz anderes und auch etwas sehr Schwierigeres. (VIII, 328)

Kein Mensch sieht so aus, wie er wirklich ist. (III, 31)

Es liegt eine gewisse Wollust in der Selbstanklage. Wenn wir uns selbst tadeln, so mit dem Gefühl, daß kein anderer das Recht habe, uns zu tadeln. Es ist die Beichte, die Absolution erteilt, nicht der Priester. (I, 109)

Ist Täuschung etwas so Schreckliches? Ich glaube nicht. Sie ist nur eine Methode, durch die wir unsere Persönlichkeit vervielfältigen können. (I, 158)

Das werde ich heute nacht in mein Tagebuch schreiben (...), daß ein gebranntes Kind das Feuer liebt. (I, 215)

Die Seele ist eine schreckliche Wahrheit. Man kann sie weder kaufen noch verkaufen oder verschachern. Sie kann vergiftet oder vollkommen gemacht werden. In jedem von uns wohnt eine Seele. Ich weiß es. (I, 233)

Scheint alles nur ein Traum zu sein? (...) Ach! was ist kein Traum? Für mich ist es, auf gewisse Weise, ein Nachhall von Musik. Ich sehe strahlende junge Gesichter und graue, neblige Quadrate. Griechische Gestalten durch gotische Kreuzgänge wandelnd, spielendes Leben in Ruinen und, was ich am meisten liebe auf der Welt, Poesie und Paradox im Tanz vereint! Nur ein böses Omen – Ihr Feuer! Sie spielen allzu sorglos mit dem Feuer. (VIII, 209)

Die Alten glauben alles, die Menschen im mittleren Alter mißtrauen allem, die Jungen wissen alles. (VII, 255)

Nun hat aber der Wert einer Idee nicht das allergeringste mit der Aufrichtigkeit dessen zu tun, der sie ausspricht. Wahrscheinlich ist die Idee sogar von um so gediegenerem Geist, je unaufrichtiger der Betreffende ist, da sie in diesem Falle weder von seinen Bedürfnissen, seinen Wünschen noch von seinen Vorurteilen gefärbt ist. (I, 19)

Verstanden zu werden bedeutet heutzutage, ertappt zu sein. (III, 18)

Sie haben Ihre Figur verloren, und Sie haben Ihren Ruf verloren. Verlieren Sie nicht Ihre Fassung, Sie haben nur eine. (III, 55)

Ideale sind gefährlich. Realitäten sind besser. (III, 71)

Man sollte nie für etwas Partei nehmen. (. . .) Parteinahme ist der Anfang der Aufrichtigkeit, und gleich danach folgt der Eifer, und der Mensch wird ein langweiliger Schwätzer. (III, 87)

Das, was immer die Welt mit feierlichem Ernst behandelt hat, gehört zur komödienhaften Seite der Dinge. (III, 123)

Die Philanthropie, scheint mir, ist einfach die Zukunft solcher Leute geworden, die ihre Mitmenschen zu belästigen wünschen. (III, 162)

Einen guten Rat gebe ich immer weiter. Es ist das einzige, was man damit machen kann. (III, 178)

Ich ziehe noch jederzeit einen anständigen Dummkopf vor. Zugunsten der Dummheit läßt sich mehr sagen, als die Leute denken. Ich persönlich hege große Bewunderung für die Dummheit. Das ist vermutlich so etwas wie seelische Übereinstimmung. (III, 187)

Ich finde, wenn man etwas Unangenehmes zu sagen hat, sollte man stets ganz offen sein. (III, 301)

Diese Ungewißheit ist schrecklich. Ich hoffe, sie hält an. (III, 322)

Schicklich ist etwas Interessantes niemals. (II, 154)

Ich bin durchaus nicht zynisch, ich habe nur meine Erfahrungen, was allerdings ungefähr auf dasselbe herauskommt. (II, 157)

Er besaß das Seltenste auf Erden: gesunden Menschenverstand. (II, 167)

Er sagt, die Freiheit sei zur Zeit der Französischen Revolution erfunden worden. Welch abscheulicher Gedanke! (II, 182)

Bildung ist etwas Wunderbares. Doch sollte man sich von Zeit zu Zeit daran erinnern, daß wirklich Wissenswertes nicht gelehrt werden kann. (IX, 963)

Um wirklich mittelalterlich zu sein, dürfte man keinen Körper haben. Um wirklich modern zu sein, dürfte man keine Seele haben. Um wirklich griechisch zu sein, dürfte man keine Kleider haben. (IX, 964)

Ich halte nicht viel von Ideen, ich bin mein Lebtag ganz gut ohne die vorangekommen. (IV, 47)

Eine Idee, die nicht gefährlich ist, verdient es nicht, überhaupt eine Idee genannt zu werden. (VII, 125)

Eine gelehrte Unterhaltung ist entweder die Leidenschaft des Unwissenden oder das Bekenntnis des geistig Unbeschäftigten. Das sogenannte veredelnde Gespräch aber ist nichts als ein einfältiger Versuch der noch einfältigeren Philanthropen, auf kleinmütige Weise die gerechte Erbitterung der untersten Gesellschaftsschichten zu entwaffnen. (VII, 79)

Tätigsein (. . .) ist der letzte Ausweg jener, die nicht verstehen zu träumen. (VII, 91)

Die einzige Pflicht, die wir der Geschichte gegenüber haben, ist, sie nochmals zu schreiben. (VII, 91)

Alle Geschichte muß durchaus universell sein; nicht in dem Sinne, daß sie alle gleichzeitigen Ereignisse der Vergangenheit umspannt, sondern durch das Allumfassende der zur Anwendung gelangenden Leitsätze. (VI, 19)

Das Leid ist – so wunderlich das klingen mag – das Mittel, durch das wir existieren, weil es das einzige Mittel ist, das uns die eigene Existenz noch bewußt macht; und die Erinnerung an frühere Leiden brauchen wir als Gewähr, als Beweis dafür, daß wir noch immer wir selbst sind. Zwischen mir und meinen freudigen Erinnerungen liegt ein Abgrund, der nicht minder tief ist als der Abgrund zwischen mir und den wirklichen Freuden des Daseins. (IX, 453)

Das Geheimnis des Lebens heißt Leiden. Hinter allem verbirgt sich nur dies! Zu Anfang unseres Lebens schmeckt das Süße uns so süß, das Bittere so bitter, daß wir unweigerlich unser ganzes Streben auf den Genuß richten und nicht nur »einen Monat oder zwei von Honig leben«, sondern am liebsten unser Leben lang keine andere Nahrung kosten möchten und dabei nicht wissen, daß wir unsere Seele Hunger leiden lassen. (IX, 500)

Herzen sind dazu da, gebrochen zu werden. (IX, 502)

Dennoch war es nicht das Mysterium, sondern die Komödie des Leidens, die ihn mit Staunen erfüllte, seine absolute Nutzlosigkeit, sein grotesker Mangel an Bedeutung. (II, 163)

Wir werden alle leiden für das, was uns die Götter geschenkt haben, schrecklich leiden. (I, 14)

Wenn die Götter uns strafen wollen, erhören sie unsere Gebete. (III, 190)

Die Götter sind rätselhaft. Nicht nur aus unseren Lüsten erschaffen sie das Werkzeug, uns zu geißeln. Sie verderben uns durch das, was in uns gut ist, edel, menschlich, liebenswert. (IX, 460)

So leben die Götter: Entweder sinnen sie, wie Aristoteles uns versichert, ihrer eigenen Vollkommenheit nach, oder sie folgen, wie Epikur es sich vorstellte, mit dem gelassenen Blick des Zuschauers der Tragikkomödie der Welt, die sie selbst geschaffen haben. Auch wir könnten leben wie sie und mit den entsprechenden Empfindungen dem Ablauf der wechselvollen Szenen folgen, die Mensch und Natur uns darbieten. (VII, 121)

Nur die Götter kosten den Tod. Apollo ist dahingegangen, doch Hyacinth, der ihn erschlagen haben soll, lebt. Nero und Narziß sind stets unter uns. (VII, 255)

Ein Tor sein in den Augen der Götter, und ein Tor sein in den Augen der Menschen, ist nicht das gleiche. (IX, 440)

Der wahre Tor, den Hohn und Haß der Götter trifft, ist der Mensch, der sich selbst nicht kennt. (IX, 440)

Wenn ich überhaupt an die Religion denke, dann mit dem Gefühl, daß ich einen Orden stiften möchte für die, die nicht glauben können: die Bruderschaft der Vaterlosen könnte man ihn nennen, und an seinem Altar, wo keine Kerzen brennen, würde ein Priester, in dessen Herzen nicht der Friede wohnt, mit ungeweihtem Brot und leerem Kelch die Messe lesen. Alles, was wahr sein soll, muß zur Religion werden. Genau wie der Glaube sollte der Unglaube sein Ritual haben. Auch er hat seine Märtyrer ausgesät, darum sollte auch er seine Heiligen ernten und Gott täglich dafür danken, daß Er sich dem Menschen verbirgt. (IX, 494)

Ob Glaube oder Unglaube, nichts darf mir von außen zukommen. Alle Symbole müssen meine eigenen Schöpfungen sein. Das Spirituelle muß seine eigene Form erschaffen können. Wenn ich sein Geheimnis nicht in mir selbst finde, so finde ich es nie. Wenn es nicht bereits in mir ist, so wird es mir nie zuteil werden. (IX, 494)

Was den Glauben betrifft, so vermag ich alles zu glauben, vorausgesetzt, daß es ganz und gar unglaublich ist. (I, 16)

Was ist unglaubhafter als das, was man einmal so aufrichtig geglaubt hat. Gibt es etwas Unwahrscheinlicheres als das, was man selbst getan hat? (VII, 110)

Die Menschheit kann an das Unmögliche glauben, aber an das Unwahrscheinliche wird sie nie glauben. (VII, 41)

Religionen gehen unter, sobald ihre Wahrheit sich erweist. Die Wissenschaft ist das Archiv untergegangener Religionen.

(VII, 253)

»Die Religion?« »Der beliebte Ersatz für den Glauben.« (I, 213)

Skeptizismus ist der Beginn des Glaubens. (I, 213)

Es ist manchmal sehr schwer, wach zu bleiben, vor allem in der Kirche, aber Schlafen ist doch überhaupt nicht schwierig.

(II, 211)

Immerhin meine ich, sie sollte ein Schwarzseidenes im Schrank haben, für die Kirche ist so etwas immer passend. (II, 159)

Was die Kirche angeht, so kann ich mir nichts Besseres für die Kultur eines Landes vorstellen als das Vorhandensein einer Gemeinschaft von Menschen, deren Pflicht es ist, an das Übernatürliche zu glauben, täglich Wunder zu vollziehen und die mythenbildende Kraft lebendig zu erhalten, die so wesentlich für die Phantasie ist. Doch kommt in der englischen Kirche derjenige zu Ehren, der fähig ist zu zweifeln, nicht der, der fähig ist zu glauben. Nur in unserer Kirche steht der Skeptiker am Altar, und der heilige Thomas gilt als die ideale Apostelgestalt.

(VII, 40)

Glaubensbekenntnisse werden akzeptiert, nicht weil sie vernünftig sind, sondern weil sie wiederholt werden. (VII, 138)

Die Popen haben dem Volk den Himmel genommen. (IV, 80)

Der Schwäche der Päpste verdankt die Menschheit vieles. Die guten Päpste haben an der Menschheit Schreckliches verschuldet. (VII, 244)

Ich glaube nicht an Wunder. Ich habe ihrer zu viele gesehen. (IV, 28)

Die verlorenen Söhne kehren immer zurück. (IV, 49)

Religionen mögen immerhin aufgesogen werden, doch sie werden nie widerlegt, und die Erzählungen der griechischen Mythologie tauchen, von dem läuternden Einfluß des Christentums vergeistigt, in vielen Teilen des südlichen Europas wieder in unseren Tagen auf. Die alte Sage, daß die griechischen Götter bei der neuen Religion unter angenommenem Namen in Dienst traten, birgt mehr Wahrheit, als die meisten darin sehen möchten. (VI, 18)

Was dieses Jahrhundert anbetet, ist Reichtum. Der Gott dieses Jahrhunderts ist der Reichtum. Um Erfolg zu haben, muß man Reichtum besitzen. Reichtum um jeden Preis. (III, 186)

Ein Nihilist, der jede Autorität ablehnt, weil er die Autorität als Übel erkannt hat, und der alles Leiden willkommen heißt, weil er dadurch seine Persönlichkeit verwirklicht, ist ein echter Christ. Für ihn ist das christliche Ideal eine Wahrheit. (VII, 250)

Zugegeben, der Erlösungsgedanke ist schwierig zu erfassen. Doch glaube ich, seit Christus ist die tote Welt aus dem Schlaf erwacht. Seit er erschienen ist, leben wir. Ich glaube, der beste Beweis für den christlichen Menschwerdungsgedanken wird durch die Taten und Gedanken edler Menschen erbracht und nicht durch das Erzählen unbestätigter Geschichten. (VIII, 52)

»Erkenne dich selbst!« stand am Eingang der antiken Welt geschrieben. Über dem Eingang der neuen Welt wird geschrieben stehen »Sei du selbst«. (VII, 220 f.)

Die Botschaft Christi an den Menschen lautet einfach »Sei du selbst«. Dies ist das Geheimnis Christi. (VII, 221)

Wenn Jesus von den Armen spricht, so meint er eigentlich Persönlichkeiten, und wenn er von den Reichen spricht, meint er eigentlich diejenigen, die ihre Persönlichkeit nicht entwickelt haben. (VII, 221)

Jesus will sagen, daß der Mensch nicht durch das, was er hat, nicht einmal durch das, was er tut, sondern nur durch das, was er ist, zu seiner Vollendung gelangt. (VII, 222)

Die Persönlichkeit ist etwas sehr Geheimnisvolles. Man kann einen Menschen nicht immer nach seinen Handlungen beurteilen. Er mag das Gesetz achten und doch schlecht sein. Er mag das Gesetz brechen und ist doch edel. Er ist vielleicht verdorben, ohne je etwas Böses getan zu haben. Er begeht vielleicht eine Sünde gegen die Gesellschaft und erreicht durch dieses Verbrechen seine wahre Selbstvollendung. (...) Und darum führt nur der ein Leben im Sinne Christi, der ganz und gar er selbst bleibt. (VII, 222 f.)

Jesus (...) sieht das Leben, wie der Künstler es sieht, der weiß, daß kraft des unabweisbaren Gesetzes der Selbstvollendung der

Dichter singen, der Bildhauer in Bronze denken und der Maler die Welt zum Spiegel seiner Empfindungen machen muß, so unbedingt und sicher, wie der Weißdorn im Frühling blühen und das Korn zur Erntezeit zu Gold reifen und den Mond auf seiner vorbestimmten Bahn vom Schild zur Sichel und von der Sichel zum Schilde werden muß. (IX, 508 f.)

Christi Platz ist bei den Dichtern. Sein Menschenbild entsprang direkt seiner Vorstellungskraft und kann nur durch sie verwirklicht werden. Was dem Pantheisten Gott war, war ihm der Mensch. Er hat als erster die aufgespaltenen Rassen als Einheit gesehen. Ehe er kam, gab es Götter und Menschen. Er allein sah, daß es auf dem Hügel des Lebens nur Gott und den Menschen gibt, und da seine mystische Fähigkeit des Mitempfindens ihm sagte, daß in ihm beide Fleisch geworden waren, nennt er sich bald Gottessohn, bald Menschensohn. Mehr als jede andere Gestalt in der Geschichte weckt er in uns den Sinn für das Wunderbare, an den die Romantik immer appelliert. (IX, 505)

Christi (...) Moral besteht im Mitgefühl; genau darin sollte die Moral bestehen. (...) Seine Gerechtigkeit ist dichterische Gerechtigkeit, eben das, was Gerechtigkeit sein sollte. (...) Für ihn galten nicht Regeln, nur Ausnahmen. (...) Wie alle Dichternaturen liebte er die Unwissenden. Er wußte, daß die Seele eines Unwissenden immer Raum hat für eine große Idee. Die Dummen dagegen konnte er nicht ausstehen, besonders diejenigen, die durch Erziehung verdummt wurden. Leute, die voller Ansichten stecken, von denen sie keine einzige verstehen, ein vornehmlich moderner Typus, den Christus treffsicher als den Typus beschreibt, der den Schlüssel zum Wissen hat, ihn aber selbst nicht gebrauchen kann und nun auch anderen den

Gebrauch verwehrt, wenngleich es der Schlüssel zum Himmelreich ist. (IX, 515)

Von jeher hat die Welt den Heiligen geliebt, da er der göttlichen Vollkommenheit am nächsten kommt. Christus scheint kraft eines göttlichen Instinkts immer den Sünder geliebt zu haben, weil er der menschlichen Vollendung am nächsten kommt. Sein höchster Wunsch war es nicht, die Menschen zu bessern, so wenig, wie es sein höchster Wunsch war, Leiden zu lindern. Er trachtete nicht, aus einem interessanten Dieb einen langweiligen Ehemann zu machen. (...) Auf eine Weise, die von der Welt noch nicht begriffen worden ist, betrachtete er Sünde und Leiden als etwas an sich Schönes, Heiliges und als Varianten der Vollendung. (IX, 517)

England und die Gesellschaft

England ist die Heimat der abgestandenen Ansichten. (VII, 15)

England (. . .) Heimatland der Heuchler. (I, 167)

Vermutlich ist das alte England so übervölkert, daß sie nicht genügend anständiges Wetter für alle haben. (II, 193)

England wird nicht eher eine Kulturnation sein, als bis es das Reich der Utopie seinem Herrschaftsgebiet eingegliedert hat. (VII, 123)

Es liegt etwas Tragisches in dem Umstand, daß heutzutage in England eine sehr große Zahl junger Leute mit vollkommenem Profil ins Leben treten und schließlich doch einer nützlichen Beschäftigung nachgehen. (VII, 255)

Nur England konnte ihn hervorgebracht haben, und seine ständige Rede war, das Land gehe vor die Hunde. (I, 42)

Es gibt in England kein literarisches Publikum für etwas anderes als Zeitungen, Abc-Bücher und Enzyklopädien. Von allen Völkern der Welt haben die Engländer am wenigsten Sinn für die Schönheit der Literatur. (I, 54)

Das Wort doktrinär – ein Wort voller Schrecken für den britischen Geist. (I, 198)

Die angestammte Dummheit der Rasse – gesunden englischen Menschenverstand nannte er sie gönnerhaft – wurde als das eigentliche Bollwerk der Gesellschaft kundgetan. (I, 198)

Zum Glück ist das Denken, in England jedenfalls, nicht ansteckend. (VII, 10)

Das Verbrechen ist in England selten die Folge der Sünde. Es ist beinahe immer die Folge des Hungers. (VII, 65)

Die Fortdauer der Persönlichkeit ist ein sehr schwieriges Problem der Metaphysik, und die Art, wie das englische Gesetz die Frage löst, ist gewiß äußerst hemdsärmelig. (VII, 64)

Mit einem jener charakteristischen britischen Gesichter, an die man sich nie erinnert, wenn man sie einmal gesehen hat. (I, 193)

Wenn man einem echten Engländer eine Idee mitteilt – was stets eine Unvorsichtigkeit ist –, läßt er sich nie im Traum einfallen, darüber nachzudenken, ob die Idee richtig oder falsch ist. Für wichtig hält er einzig und allein, ob man selber daran glaubt. (I, 19)

Engländer werden nach Tisch immer romantisch, und das langweilt mich entsetzlich. (III, 176)

Die Engländer können keinen Mann ertragen, der immer behauptet, recht zu haben, aber sie haben sehr viel übrig für einen Mann, der zugibt, im Unrecht gewesen zu sein. (III, 190)

In England ist ein Mann, der nicht zweimal in der Woche einer großen, unmoralischen Zuhörerschaft aus dem Volke Moral predigen kann, als ernsthafter Politiker völlig erledigt. Ihm bliebe als Beruf nichts übrig als Botanik oder die Kirche.

(III, 191)

Die Engländer glauben, ein Scheckbuch könne jedes Problem im Leben lösen. (III, 226)

Wenn man nur den Engländern das Reden und den Iren das Zuhören beibringen könnte, wäre die Gesellschaft recht zivilisiert. (III, 227)

Es ist schwer, den Engländern Mitleid oder Menschlichkeit zu lehren. Sie lernen langsam. (IX, 831)

Sie sind in tiefer Trauer und hochfidel. So sind die Engländer.

(IX, 902)

Dem englischen Publikum wird immer wohl zumute, wenn eine Mediokrität zu ihm spricht. (VII, 69)

Die britische Öffentlichkeit ist im Grunde genommen nicht der geistigen Anstrengung gewachsen, alle drei Monate mehr als ein Thema zu haben. (I, 229)

Die englische Gesellschaft (. . .) ist auf den Hund gekommen, ein Haufen Niemande, die über nichts reden. (III, 166)

Ich liebe politische Gesellschaften. Das ist der einzige Ort, der uns geblieben ist, wo die Leute nicht über Politik reden. (III, 166)

In England versuchen die Leute wahrhaftig, beim Frühstück zu glänzen. Das ist so schrecklich an ihnen! Nur fade Leute glänzen beim Frühstück. Und außerdem pflegt das Familienskelett die Hausgebete zu lesen. (III, 170)

Ich liebe die Londoner Gesellschaft! Ich glaube, sie hat sich ungeheuer verbessert. Sie besteht jetzt durchweg aus schönen Schwachköpfen und brillanten Irren. Genauso, wie die Gesellschaft sein sollte. (III, 157)

Ein Mann, der eine Londoner Dinnertafel beherrschen kann, kann die Welt beherrschen. Die Zukunft gehört dem Dandy. Die Männer von Welt sind es, die herrschen werden. (III, 119)

Heutzutage sind die Menschen so vollendet oberflächlich, daß sie die Philosophie des Oberflächlichen nicht begreifen. (III, 119)

England ist schlimm genug und die englische Gesellschaft durchweg im Unrecht. (I, 167)

In diesem Land genügt es, wenn ein Mensch vornehm ist und Geist besitzt, daß sich jede gemeine Zunge an ihm wetzt. (I, 167)

Die Mittelklassen machen ihren moralischen Vorurteilen an ihren ungepflegten Mittagstischen Luft und flüstern über das, was sie die Ruchlosigkeiten der Vornehmen nennen, um den Eindruck zu erwecken, als stünden sie in engem Verkehr und auf vertrautem Fuß mit den Leuten, die sie verlästern. (I, 167)

Die Naturgesetze werden sich der britischen Aristokratie zuliebe nicht aufheben lassen. (II, 190)

London ist zu angefüllt von Nebeln – und ernsten Leuten. (. . .) Ob die Nebel die ernsten Leute erzeugen oder die ernsten Leute die Nebel, weiß ich nicht, aber das alles geht mir ziemlich auf die Nerven. (III, 65)

Ich bin nicht der Ansicht, daß England im Ausland durch einen unverheirateten Mann vertreten sein sollte. (. . .) Das könnte zu Komplikationen führen. (III, 82)

Ich sympathisiere durchaus mit dem Zorn der englischen Demokratie gegen das, was sie die Laster der Oberklassen nennen. Die Massen spüren, daß Trunksucht, Dummheit und Unsittlichkeit ihr ureigener Bereich sein sollte und daß jeder von uns, der sich zum Narren macht, in ihrem Jagdgehege wildert. (I, 19)

Die ganze Theorie von moderner Erziehung ist von Grund auf ungesund. Zum Glück bringt wenigstens in England die Erziehung keinerlei Erfolg hervor. (III, 272)

Meiner Ansicht nach kann überhaupt niemand moralisch verantwortlich gemacht werden für das, was er oder sie in einem englischen Landhaus tut. (III, 227)

London ist voll von Frauen, die ihren Männern vertrauen. Man kann sie stets herauserkennen. Sie sehen alle ganz unglücklich aus. (III, 33)

Die englischen Frauen verbergen ihre Gefühle bis nach der Hochzeit. Dann zeigen sie sie. (III, 80)

Die meisten Frauen in London scheinen heutzutage ihre Räume mit nichts als Orchideen, Ausländern und französischen Romanen auszustatten. (III, 135)

Die Londoner Gesellschaft ist voll von Frauen vornehmster Herkunft, die aus eigener freier Wahl seit Jahren fünfunddreißig geblieben sind. (III, 318)

Es ist einfach skandalös, wie viele Frauen in London mit ihren eigenen Ehemännern flirten. Es wirkt so anstößig. (III, 264)

Die englische junge Dame ist der Drache des guten Geschmacks. (III, 165)

Nur eine Sache auf der Welt ist schlimmer, als Gesprächsthema zu sein, nämlich, nicht Gesprächsthema zu sein. (I, 12)

Ich liebe Klatsch über andere Leute, aber Klatsch über mich interessiert mich nicht. Er besitzt nicht den Reiz der Neuheit. (I, 165)

»Klatsch hat nie eine Basis.« »Die Basis jeden Klatsches ist unmoralische Gewißheit.« (I, 222)

Das ist der Grund, warum es sie so freut, anderer Leute Geheimnisse zu entdecken. Es lenkt die öffentliche Aufmerksamkeit von ihren eigenen ab. (III, 186)

Mir liegt überhaupt nichts daran, zu erfahren, was die Leute hinter meinem Rücken sagen. Das macht mich viel zu eingebildet. (III, 238)

Ein Mann, über den viel geredet wird, ist natürlich immer sehr anziehend. Man hat das Gefühl, es muß schließlich etwas an ihm dran sein. (III, 296)

Wenn die Leute über andere reden, sind sie gewöhnlich langweilig. Erzählen sie dagegen von sich, dann werden sie fast immer interessant. (VII, 71)

Eine öffentliche Meinung gibt es nur dort, wo Ideen fehlen. (IX, 963)

Es ist höchst bedauerlich, daß man heutzutage so wenig unnütze Neuigkeiten erfährt. (IX, 963)

Ich liebe langweilige sachliche Themen. Was ich nicht liebe, sind langweilige sachliche Leute. Das ist ein großer Unterschied. (III, 170)

Es ist absurd, Menschen in gute und schlechte einzuteilen. Menschen sind entweder reizend oder langweilig. (III, 15)

Ich bin jetzt nicht mehr der Ansicht, daß Menschen in gute und schlechte eingeteilt werden können, als seien sie zwei gesonderte Rassen oder Schöpfungen. Die sogenannten guten Frauen können Schreckliches in sich haben, Wahnsinnslaunen der Rücksichtslosigkeit, Behauptung, Eifersucht, Sünde. Schlechte Frauen, wie man sie bezeichnet, können zu Leid, Reue, Mitleid, Aufopferung fähig sein. (III, 63)

Andere Leute sind einfach schrecklich. Die einzig mögliche Gesellschaft hat man an sich selbst. (III, 213)

Kein Land auf der ganzen Welt hätte unpraktische Leute so nötig wie das unsere. Bei uns ist das Denken durch seine ständige Bindung an das Tun heruntergekommen. (VII, 122)

Wir leben im Zeitalter der Überarbeiteten und der Untergebildeten; einem Zeitalter, in dem die Leute derart geschäftig sind, daß sie völlig verdummen. Und so hart es klingt, ich muß sagen, daß solche Leute ihr Los verdienen. Das sicherste Mittel, nichts über das Leben zu erfahren, ist der Versuch, sich nützlich zu machen. (VII, 122)

Er hat nichts, sieht aber nach allem aus. (III, 316)

Wenn man nicht wohlhabend ist, nützt es einem nichts, ein reizender Kerl zu sein. (II, 228)

Männer, die Dandys, und Frauen, die Schätzchen sind, regieren die Welt oder sollten es zumindest. (II, 229)

Gut erzogen zu sein ist heutzutage ein großer Nachteil. Es schließt einen von so vielem aus. (III, 123)

Die Wilden scheinen über fast alles genau dieselben Ansichten zu haben wie zivilisierte Leute. Sie sind außerordentlich fortgeschritten. (III, 124)

Die Welt ist einfach in zwei Klassen geteilt – jene, die das Unglaubliche glauben, wie die Öffentlichkeit – und jene, die das Unwahrscheinliche tun. (III, 125)

Die gescheiten Leute hören nie zu, und die geistlosen Leute reden nie. (III, 92)

Nichts verärgert die Leute mehr, als wenn sie keine Einladungen erhalten. (III, 264)

Wenn Leute mit mir über das Wetter reden, habe ich immer das ganz sichere Gefühl, daß sie etwas anderes sagen wollen. Und das macht mich so nervös. (III, 268)

Wir sind wahrlich ein ermattetes Geschlecht, und wir haben unser Erstgeburtsrecht für ein Gericht von Tatsachen verkauft. (VII, 20)

Im heutigen Leben ist nichts so wirkungsvoll wie eine bewährte Platitüde. (III, 172)

Im Abendanzug mit weißer Halsbinde kann jeder, (. . .) selbst ein Makler, in den Ruf kommen, kultiviert zu sein. (I, 16)

Wenn jemand ein Gentleman ist, weiß er durchaus genug; ist er kein Gentleman, dann nützt ihm auch sein ganzes Wissen nichts. (I, 43)

Seine Zeit zu beseelen – das ist der Mühe wert. (I, 94)

Nur zwei Arten von Menschen sind wirklich faszinierend – Leute, die einfach alles wissen, und Leute, die überhaupt nichts wissen. (I, 97)

Bequemlichkeit ist das einzige, was uns unsere Zivilisation geben kann. (II, 155)

Heutzutage sind wir alle so knapp bei Kasse, daß Komplimente die einzig erfreulichen Ausgaben sind. Es sind die einzigen Ausgaben, die wir uns leisten können. (III, 12)

Er wird bestimmt einen erstaunlichen Erfolg haben. Er denkt wie ein Tory und spricht wie ein Radikaler, und das ist heutzutage so wichtig. (III, 35)

Im heutigen Leben bedeutet Spielraum alles. (III, 44)

Meine eigenen Angelegenheiten langweilen mich stets zu Tode. Die anderer Leute ziehe ich vor. (III, 53)

Man kann heutzutage alles überleben, außer den Tod, und alles zuschanden machen, außer einen guten Ruf. (III, 95)

Nichts ist so aufreizend wie Gelassenheit. (III, 99)

Sprechen Sie zu jeder Frau, als liebten Sie sie, und zu jedem Mann, als langweile er Sie, und am Ende Ihrer ersten Saison werden Sie in dem Ruf stehen, den vollendetsten gesellschaftlichen Anstand zu besitzen. (III, 120)

Um heutzutage in die beste Gesellschaft zu gelangen, muß man entweder die Leute traktieren, amüsieren oder schockieren – weiter nichts! (III, 120)

Die Gesellschaft (...) dazuzugehören ist bloß langweilig. Aber nicht dazuzugehören ist einfach eine Tragödie. Die Gesellschaft ist etwas Notwendiges. Kein Mann hat irgendeinen wirklichen Erfolg auf dieser Welt, wenn er nicht Frauen hat, die ihn fördern, und Frauen beherrschen die Gesellschaft. Haben Sie keine Frauen auf Ihrer Seite, ist es mit Ihnen aus und vorbei. Ebensogut könnten Sie gleich ein Anwalt oder ein Makler oder ein Journalist sein. (III, 120)

Eine Bekanntschaft, die mit einem Kompliment beginnt, hat alle Aussicht, sich zu einer echten Freundschaft zu entwickeln. Sie beginnt auf die rechte Art. (III, 160)

Nur wenn man seine Rechnung nicht begleicht, kann man hoffen, im Gedächtnis der Geschäftswelt weiterzuleben. (VII, 254)

Die Zeiten leben in der Geschichte durch ihre Anachronismen. (VII, 255)

Die Kultur hängt von der Kochkunst ab. (IV, 70)

Eine Weltkarte, die das Land Utopia nicht enthielte, wäre nicht wert, daß man einen Blick darauf wirft, denn auf ihr fehlt das einzige Land, in dem die Menschheit immer landet. (VII, 228)

Fortschritt ist die Verwirklichung von Utopien. (VII, 228)

Der Staat soll ein unabhängiger Erzeuger und Verteiler lebensnotwendiger Waren sein. Sache des Staates ist es, das Nützliche zu schaffen. Sache des Individuums ist es, das Schöne hervorzubringen. (VII, 226)

Der nationale Haß ist immer dort am stärksten, wo's um die Kultur am schwächsten bestellt ist. (VI, 89)

Wenn wir versucht sind, einer anderen Nation den Krieg zu erklären, werden wir uns erinnern, daß wir im Begriff stehen, einen Teil unserer eigenen Kultur zu zerstören und vielleicht ihren wichtigsten Teil. Solange man den Krieg als etwas Böses ansieht, wird er seine Anziehungskraft behalten. Erst wenn man ihn als Niedertracht erkennt, wird er seine Popularität verlieren. (VII, 145 f.)

Er war bestürzt über den Zwiespalt zwischen dem seichten Optimismus seiner Zeit und den wirklichen Tatbeständen des Daseins. Er war noch sehr jung. (II, 163)

Erscheint man gut, nimmt einen die Gesellschaft durchaus ernst. Erscheint man schlecht, ist das nicht der Fall. Das ist die verblüffende Dummheit des Optimismus. (III, 13)

Die beiden schwachen Punkte in unserm Zeitalter sind sein Mangel an Prinzip und sein Mangel an Profil. (III, 315)

Wie alle Leute, die ein Thema zu erschöpfen suchen, erschöpfte er seine Zuhörer. (I, 50)

Heutzutage kennen die Leute von allem den Preis und von nichts den Wert. (I, 58)

Er sagt Dinge, die mich ärgern. Er gibt mir gute Ratschläge. (I, 68)

Die Leute lieben es, fortzugeben, was sie selbst am nötigsten brauchen. Ich nenne das den Abgrund der Freigebigkeit. (I, 68)

Zu Leuten, an denen einem nichts liegt, kann man immer freundlich sein. (I, 113)

Wir leben in einer Zeit, die zuviel liest, um weise zu sein, und zuviel denkt, um schön zu sein. (I, 118)

Vielleicht erscheint man niemals so ungezwungen, als wenn man eine Rolle zu spielen hat. (I, 191)

Tod und Vulgarität sind im neunzehnten Jahrhundert die beiden einzigen Tatsachen, die nicht wegdemonstriert werden können. (I, 230)

»Was ist ein Zyniker?« »Ein Mann, der von allem den Preis und von nichts den Wert kennt.« »Und ein Sentimentaler (...) ist ein Mann, der in allem einen unsinnigen Wert sieht und von keiner einzigen Sache den Marktpreis kennt.« (III, 58)

»Meinen Sie wirklich, (...) man sollte von jedem schlecht denken?« »Ich halte es für viel ungefährlicher. (...) So lange natürlich, bis man feststellt, daß die betreffenden Leute gut sind. Aber das erfordert heutzutage eine Menge Nachforschungen.« (III, 89)

Tatsache ist, daß wir heutzutage alle so hasten und drängen, daß ich staunen muß, wenn wir nach einem Abend noch etwas an uns zurückbehalten. Ich weiß von mir selbst, wenn ich aus einer Gesellschaft zurückkomme, habe ich stets das Gefühl, als hätte ich nicht einen Fetzen am Leibe, außer einem kleinen Anstandsfetzen, gerade genug, die niederen Schichten zu hindern, daß sie peinliche Bemerkungen durch das Wagenfenster machen. Unsere Gesellschaft ist in der Tat fürchterlich überbevölkert. (III, 202)

Jeder, den man heutzutage trifft, ist ein Paradoxon. Das ist sehr verdrießlich. Es macht die Gesellschaft so durchsichtig. (III, 217)

Wenn man einen Besuch macht, dann geschieht das, um andrer Leute Zeit zu vergeuden, nicht die eigene. (III, 235)

Ich habe eine geschäftliche Verabredung, die ich ängstlich bestrebt bin . . . zu versäumen! (III, 285)

Mir gefallen Frauen, die an menschenfreundlicher Tätigkeit interessiert sind, nicht so recht. Ich finde es so anmaßend. (III, 299)

Sprechen wir nicht über ernste Dinge. Ich bin mir allzusehr bewußt, daß wir in einer Zeit geboren sind, die nur die Dummheit ernst nimmt, und ich lebe in der Angst, nicht mißverstanden zu werden. (VII, 79)

Es ist amoralisch, Privateigentum zur Milderung der schrecklichen Übelstände zu verwenden, die aus der Einrichtung des Privateigentums entspringen. Es ist nicht nur amoralisch, sondern auch unehrlich. (VII, 212)

Demokratie ist nichts anderes als das Niederknüppeln des Volkes durch das Volk für das Volk. (VII, 225)

Jede Autorität erniedrigt. Sie erniedrigt gleichermaßen Herrscher und Beherrschte. Wird sie gewalttätig, brutal und grausam ausgeübt, so ruft sie eine positive Wirkung hervor, indem sie den Geist der Revolte und den Individualismus anstachelt, der sie vernichten soll. Wird sie mit einer gewissen Großzügigkeit ausgeübt, und werden Preise und Belohnungen vergeben, so ist ihre Wirkung furchtbar demoralisierend. In diesem Fall werden sich die Menschen des furchtbaren Druckes, der auf ihnen lastet, weniger bewußt und gehen in einer Art von vulgärem Wohlbehagen durch das Leben wie zahme Haustiere, ohne jemals zu erkennen, daß sie wahrscheinlich die Gedanken anderer Menschen denken, nach den Normen anderer Menschen leben, daß sie gewissermaßen nur die abgelegten Kleider der anderen tragen und niemals, auch nicht einen Augenblick lang, sie selbst sind. (VII, 225)

Liest man die Geschichte, aber nicht in den bereinigten Ausgaben für Schüler und Examenskandidaten, sondern in den Originalwerken der Zeit, so ist man angewidert, nicht von den Verbrechen, die die Bösen begangen, sondern von den Strafen, die die Guten verhängt haben; und eine Gesellschaft verroht viel mehr durch die gewohnheitsmäßige Anwendung von Strafen als durch das gelegentliche Vorkommen von Verbrechen. Es ist erwiesen, daß desto mehr Verbrechen geschehen, je mehr Strafen verhängt werden. (VII, 225)

Der Hunger, nicht die Sünde, sind in unserer Zeit die Ursache des Verbrechens. Darum sind unsere Verbrecher, als Klasse, vom psychologischen Standpunkt aus völlig uninteressant. Sie sind keine erstaunlichen Charaktere wie Macbeth oder schrecklich wie Vautrin. Sie sind nur, was die gewöhnlichen achtbaren Spießbürger wären, wenn sie nicht genug zu essen hätten.

(VII, 225)

Die Verbrecherklasse ist uns so nah, daß sogar der Gendarm sie sieht. Sie ist uns so fern, daß nur der Dichter sie versteht. (IX, 964)

Es gibt drei Arten von Despoten: den Despoten, der den Leib knechtet, den Despoten, der die Seele knechtet und den Despoten, der Leib und Seele gleichzeitig knechtet. Der erste ist der Fürst. Der zweite ist der Papst. Der dritte ist das Volk. (VII, 243)

Vulgarität und Dummheit sind zwei äußerst lebendige Tatsachen im Leben von heute. (VII, 234)

Die Ärzte taugen zu rein gar nichts, außer Honorar aus einem herauszuholen. (II, 171)

Obgleich ich Ärzte hasse, liebe ich Medizin. (II, 171)

Der Künstler kann nur eins nicht sehen: das Offensichtliche. Das Publikum kann nur eins sehen: das Offensichtliche. Resultat: die Zeitungskritik. (IX, 964)

Selbst die Zeitungen sind entartet. Sie sind jetzt absolut vertrauenswürdig. Man spürt es, wenn man ihre Spalten durchkaut. Nur das, was nicht lesenswert ist, kommt einem vor Augen. (VII, 11 f.)

Spione sind heutzutage von keinem Nutzen. Mit dem Beruf ist es vorbei. Ihre Arbeit tun statt dessen die Zeitungen. (III, 221)

Was den modernen Journalismus angeht, so ist es nicht meine Aufgabe, ihn zu verteidigen. Er rechtfertigt seine Existenz nach dem großen Darwinschen Prinzip vom Überleben der Niedrigsten. (VII, 79)

»Was ist der Unterschied zwischen Literatur und Journalismus?« »Der Journalismus ist das Lesen nicht wert, und die Literatur wird nicht gelesen. Das ist alles.« (VII, 79)

In früheren Zeiten bediente man sich der Folter. Heutzutage bedient man sich der Presse. Das ist gewiß ein Fortschritt. (. . .) Wir werden vom Journalismus beherrscht. (VII, 236)

Politik interessiert mich nicht. Kaum ein einziger im Unterhaus ist es wert, gemalt zu werden, wenn auch vielen ein wenig Tünche guttäte. (I, 85)

Nun, da das Unterhaus versucht, sich nützlich zu machen, richtet es eine Menge Schaden an. (III, 159)

Nur Leute, die langweilig aussehen, gelangen jemals ins Unterhaus, und nur Leute, die langweilig sind, haben dort jemals Erfolg. (III, 236)

Wenn man in der Stadt ist, vertreibt man sich die Zeit. Ist man auf dem Land, vertreibt man anderen Leuten die Zeit. Das ist in höchstem Grade langweilig. (III, 258)

Ich persönlich kann nicht verstehen, wie es jemand fertigbringt, auf dem Lande zu existieren, sofern er ein Mensch von Bedeutung ist. Mich langweilt das Land stets zu Tode. (III, 303)

Irgendwie habe ich das bestimmte Gefühl, wenn ich sechs Monate auf dem Lande lebte, würde ich so unkompliziert und natürlich werden, daß niemand auch nur die geringste Notiz von mir nähme. (III, 83)

Das reine, unverfälschte Landleben. Sie stehen früh auf, weil sie so viel zu tun haben, und gehen früh zu Bett, weil sie so wenig zu denken haben. (I, 193)

Auf dem Land kann jeder gut sein. Dort gibt es keine Versuchungen. Das ist der Grund, warum Leute, die nicht in der Stadt wohnen, so völlig unzivilisiert sind. Zivilisation ist keineswegs leicht zu erlangen. Es gibt nur zwei Wege, sie zu erwerben. Entweder man ist kultiviert, oder man ist verdorben. Landleute haben zu keinem von beiden die Gelegenheit, deshalb stagnieren sie. (I, 227)

Ich hatte keine Ahnung, daß es auf dem Lande Blumen gibt. (III, 303)

In der Armut ist der einzige Trost die Verschwendung. Im Reichtum ist der einzige Trost die Sparsamkeit. (IX, 964)

Wenn die Armen nur Profil hätten, gäbe es keine Schwierigkeiten, das Problem der Armut zu lösen. (VII, 253)

Es gibt nur eine Gesellschaftsklasse, die mehr an das Geld denkt als die Reichen, und das sind die Armen. Die Armen können an nichts anderes denken. (VII, 222)

Das Problem der Sklaverei (. . .), wir versuchen, es zu lösen, indem wir den Armen die Zeit vertreiben. (III, 87)

Die wahre Tragödie der Armen ist, daß sie nichts anderes als Selbstverleugnung leisten können. Schöne Sünden sind wie schöne Dinge das Privileg der Reichen. (I, 91)

»Es heißt, (. . .) wenn gute Amerikaner sterben, gehen sie nach Paris.« »Und wenn schlechte Amerikaner sterben, (. . .) die gehen nach Amerika.« (III, 86)

Amerika ist das lärmendste Land, das es je gegeben hat. Des Morgens wird man nicht vom Ruf der Nachtigall, wohl aber vom Geheul der Dampfsirene geweckt. Es ist verwunderlich, daß der gesunde, praktische Sinn der Amerikaner diesen unerträglichen Lärm noch immer nicht auf ein erträgliches Maß herabgesetzt hat. Alle Kunst beruht ja auf exquisitem Feingefühl, und so muß solch beständiger Aufruhr letztlich jeder Musikalität den Garaus machen. (VI, 129)

Amerika ist kein Boden für einen Dummkopf. Sogar von einem Schuhputzer verlangt man dort Verstand, und man kriegt ja auch, was man verlangt. (VI, 161)

Was den Ehestand betrifft, so ist er eine der populärsten Institutionen. Der Amerikaner heiratet früh, die Amerikanerin heiratet oft. Und beide kommen außerordentlich gut miteinander aus. (VI, 161)

Amerika hat es uns niemals verziehen, daß Europa ein wenig früher entdeckt worden ist. (VI, 163)

Amerikanische Mädchen sind so gescheit, ihre Eltern zu verheimlichen, so wie die englischen Frauen ihre Vergangenheit verheimlichen. (I, 45)

Sie benimmt sich, als wäre sie schön. Das tun die meisten Amerikanerinnen. Es ist das Geheimnis ihres Reizes. (I, 46)

Geschlecht und Mode

Weiblichkeit ist die Eigenschaft, die ich an Frauen am meisten schätze. (III, 91)

»Frauen werden stets wie ihre Mütter. Das ist ihre Tragödie.«
»Und kein Mann wird so. Das ist seine.« (III, 111)

Frauen sind Gemälde. Männer sind Probleme. Wenn Sie wissen wollen, was eine Frau wirklich meint – was übrigens immer ein gefährliches Unternehmen ist –, sehen Sie sie an, und hören Sie ihr nicht zu. (III, 120)

Für den Philosophen (. . .) stellen die Frauen den Triumph der Materie über den Geist dar – so wie Männer den Triumph des Geistes über die Moral darstellen. (III, 120)

Die Geschichte der Frauen ist die Geschichte der übelsten Form von Tyrannei, die die Welt je gekannt hat. Die Tyrannei der Schwachen über die Starken. Es ist die einzige Tyrannei von Dauer. (III, 121)

»Arten von Frauen?« »In der Gesellschaft nur zwei: Die farblosen und die interessanten.« (III, 121)

Frauen sind ein faszinierend eigenwilliges Geschlecht. Jede Frau ist eine Rebellin und gewöhnlich in wildem Aufruhr gegen sich selbst. (III, 121)

Die Frauen lieben uns wegen unserer Fehler. Wenn wir deren genügend haben, werden sie uns alles verzeihen, selbst unsern gigantischen Intellekt. (III, 125)

Frauen sollten mit Maßen denken, wie sie alles mit Maßen tun sollten. (III, 126)

Keine Frau sollte ein Gedächtnis haben. Gedächtnis macht eine Frau altmodisch. Man kann stets an dem Hut erkennen, ob sie ein Gedächtnis hat oder nicht. (III, 126)

Frauen lernen das Leben zu spät kennen. Das ist der Unterschied zwischen Männer und Frauen. (III, 147)

Bestimmt altern heutzutage mehr Frauen durch die Treue ihrer Anbeter als durch sonst etwas! (III, 161)

Die Stärke der Frauen rührt aus der Tatsache her, daß die Psychologie sie nicht zu deuten vermag. Männer kann man analysieren, Frauen . . . nur anbeten. (III, 161)

Frauen besitzen einen erstaunlichen Instinkt für die Dinge. Sie entdecken alles außer dem, was in die Augen springt. (III, 185)

Sie hatte gestern abend viel zuviel Rouge und nicht ganz hinreichend Stoff an sich. Das ist bei Frauen immer ein Zeichen von Verzweiflung. (III, 192)

»Die modernen Frauen verstehen (. . .) alles.« »Ausgenommen ihre Ehemänner. Die sind das einzige, was die moderne Frau nie versteht.« (III, 204)

Frauen, die gesunden Menschenverstand besitzen, sind merkwürdigerweise so häßlich. (III, 220)

Die erste Pflicht im Leben einer Frau ist die gegen ihren Schneider. Welches die zweite Pflicht ist, hat bisher noch niemand entdeckt. (III, 226)

Frauen werden nie durch Komplimente entwaffnet. Männer stets. Das ist der Unterschied zwischen den beiden Geschlechtern. (III, 228)

Es gibt nur eine einzige echte Tragödie im Leben einer Frau. Die Tatsache, daß ihre Vergangenheit stets ihr Liebhaber und ihre Zukunft unweigerlich ihr Ehemann ist. (III, 229)

Das Leben einer Frau bewegt sich in Gefühlskurven. Auf Linien des Verstandes verläuft das Leben eines Mannes. (III, 249)

Wenn eine Frau ihre Fehler nicht reizvoll machen kann, ist sie nur ein Weibchen. (II, 155)

Die meisten Frauen sind so gekünstelt, daß ihnen jeder Sinn für die Kunst fehlt. Die meisten Männer sind so natürlich, daß ihnen jeder Sinn für die Schönheit fehlt. (IX, 963)

Sie ist sehr gescheit, allzu gescheit für eine Frau. Ihr fehlt der unerklärliche Reiz der Schwäche. Die tönernen Füße sind es, die das Gold der Bildsäule köstlich machen. Ihre Füße sind sehr hübsch, aber es sind keine tönernen. Weiße Porzellanfüße, wenn Sie so wollen. Sie sind durchs Feuer gegangen, und was das Feuer nicht zerstört, härtet es. Sie hat Erfahrungen gesammelt. (I, 198)

»Wie sehr es doch die Frauen lieben, gefährliche Dinge zu tun.« (...) »Das ist eine von jenen Eigenschaften an ihnen, die ich am meisten bewundere. Eine Frau wird mit jedem auf der Welt kokettieren, solange andere Leute zuschauen.« (I, 222)

Es bedarf einer vollendet guten Frau, etwas vollendet Blödsinniges zu tun. (III, 37)

Zwischen Männern und Frauen ist keine Freundschaft möglich. Da gibt es Leidenschaft, Feindschaft, Verehrung, Liebe, aber keine Freundschaft. (III, 38)

Vor einem angemessenen Hintergrund können sich Frauen alles leisten. (III, 43)

Wenn eine Frau einen Mann halten will, braucht sie nur an das Schlechteste in ihm zu appellieren. (III, 47)

Schrecklich kommerziell, die Frauen von heute. Unsere Großmütter warfen ihre Mützen in den Wind, versteht sich, aber bei Gott, ihre Enkelinnen werfen ihre Mützen nur in den Wind, wenn sie genau wissen, woher er weht und daß er ihnen günstig ist. (III, 55)

Schlechte Frauen plagen einen. Gute Frauen langweilen einen. Das ist der einzige Unterschied zwischen ihnen. (III, 55)

Ich ziehe Frauen mit einer Vergangenheit vor. Man kann sich mit ihnen so verdammt gut unterhalten. (III, 55)

Das ist das ärgste an Frauen. Immer wünschen sie, man solle gut werden. Und sind wir gut, wenn sie uns kennenlernen, dann lieben sie uns ganz und gar nicht. Sie möchten uns gern durchaus unverbesserlich schlecht sehen, wenn sie uns finden, und durchaus reizlos gut, wenn sie uns verlassen. (III, 56)

Nichts auf der Welt kommt der Hingabe einer verheirateten Frau gleich. Das ist etwas, wovon kein verheirateter Mann eine Ahnung hat. (III, 57)

Letzten Endes gibt es nur zwei Arten von Frauen, die ungeschminkten und die geschminkten. (I, 59)

Solange eine Frau zehn Jahre jünger aussehen kann als ihre eigene Tochter, ist sie völlig zufrieden. (I, 59)

Frauen verteidigen sich, indem sie angreifen, geradeso wie sie durch plötzliches und befremdliches Nachgeben angreifen. (I, 76)

Nach meiner Theorie sind es stets die Frauen, die uns Heiratsanträge machen, und nicht wir, die sie den Frauen machen. (I, 90)

Die Frauen behandeln uns geradeso, wie die Menschheit ihre Götter behandelt. Sie verehren uns und liegen uns ständig in den Ohren, etwas für sie zu tun. (I, 91 f.)

Nur auf eine einzige Art vermag eine Frau jemals einen Mann zu bessern, indem sie ihn nämlich so grenzenlos langweilt, daß er jedes nur erdenkliche Interesse am Leben verliert. (I, 113)

Der einzige Reiz der Vergangenheit ist, daß sie vergangen ist. Aber Frauen wissen nie, wann der Vorhang gefallen ist. Sie wollen immer noch einen sechsten Akt, und sobald jegliches Interesse an dem Stück erloschen ist, schlagen sie vor, es fortzusetzen. (I, 115)

Eine schreckliche Sache, das Gedächtnis einer Frau! (I, 179)

Wenn eine Frau sich wieder verheiratet, dann geschieht es, weil sie ihren ersten Mann verabscheute. Wenn sich ein Mann wieder verheiratet, dann geschieht es, weil er seine erste Frau anbetete. Frauen versuchen ihr Glück, Männer setzen das ihre aufs Spiel. (I, 196)

Ich liebe Männer, die eine Zukunft, und Frauen, die eine Vergangenheit haben. (I, 197)

Männer machen immer ein so dummes Gesicht, wenn sie ertappt werden. Und sie werden stets ertappt. (III, 218 f.)

Man sollte nie einer Frau trauen, die einem ihr wirkliches Alter verrät. Eine Frau, die einem das erzählt, würde einem auch alles andere erzählen. (III, 93)

Es macht mir nichts aus, wenn häßliche Frauen Puritanerinnen sind. Es ist die einzige Entschuldigung, die sie für ihr Häßlichsein haben. (III, 93)

Ich glaube nicht, daß es eine Frau auf der Welt gibt, die nicht ein wenig geschmeichelt wäre, wenn man ihr den Hof macht.

Das ist es ja gerade, was Frauen so unwiderstehlich anbetungswürdig macht. (III, 93)

Die Wahrheit ist nicht gerade das, was man einem hübschen süßen gebildeten Mädchen erzählt. (III, 277)

Gerade Männer von dem denkbar vornehmsten sittlichen Charakter sind äußerst empfänglich für die physischen Reize anderer. (III, 301)

Wenn ein Mann alt genug ist, unrecht zu tun, sollte er auch alt genug sein, recht zu tun. (III, 114)

Ist ein Mann ein Gentleman, dann weiß er durchaus genug, und ist er kein Gentleman, dann ist alles, was er weiß, wertlos für ihn. (III, 118)

Ärgerliches Aufsehen pflegte einen Mann reizvoll oder zumindest interessant zu machen – jetzt vernichtet es ihn. (III, 174)

Männer sind solche Feiglinge. Sie verletzen jedes Gesetz der Welt und fürchten sich doch vor der Zunge der Welt. (III, 48)

Die Ehemänner sehr schöner Frauen gehören zur Verbrecherklasse. (I, 195)

Heutzutage leben alle verheirateten Männer wie Junggesellen und alle Junggesellen wie verheiratete Männer. (I, 196)

Wenn ein Mann einmal eine Frau geliebt hat, wird er alles für sie tun, ausgenommen sie weiterzulieben. (III, 227)

Wenn wir Männer die Frauen heirateten, die wir verdienen, wäre uns eine sehr schlimme Zeit beschieden. (III, 237)

Das Glück eines verheirateten Mannes (. . .) hängt von den Leuten ab, die er nicht geheiratet hat. (III, 121)

Zwanzig Jahre Liebesroman geben einer Frau das Aussehen einer Ruine; aber zwanzig Jahre Ehe machen sie zu einer Art öffentlichem Gebäude. (III, 92)

Heutzutage werden mehr Ehen durch den gesunden Menschenverstand des Ehemannes zerstört als durch sonst etwas. Wie kann man von einer Frau erwarten, daß sie mit einem Mann glücklich ist, der darauf besteht, sie als ein völlig vernünftiges Wesen zu behandeln? (III, 100)

Im Eheleben kommt die Liebe, wenn die Leute einander gründlich mißfallen. (III, 220)

Scheidungen werden im Himmel beschlossen. (III, 259)

Erstens heiraten Mädchen nie die Männer, mit denen sie flirten. Das halten Mädchen nicht für richtig. (III, 260)

Ich bin immer der Ansicht gewesen, daß ein Mann, der zu heiraten wünscht, entweder alles oder nichts wissen sollte. (III, 272)

Der einzige Reiz der Ehe ist, daß sie ein Leben der Täuschung für beide Teile absolut notwendig macht. (I, 14)

Wer treu ist, kennt nur die triviale Seite der Liebe; der Treulose ist es, der die Liebestragödien kennenlernt. (I, 23)

Der einzige Unterschied zwischen einer Laune und einer lebenslänglichen Leidenschaft ist der, daß die Laune ein wenig länger vorhält. (I, 34)

Junge Leute möchten treu sein und sind es nicht, alte möchten untreu sein und können es nicht. (I, 40)

Männer heiraten, weil sie müde, Frauen, weil sie neugierig sind; beide werden enttäuscht. (I, 58)

Ich glaube nicht, daß ich geeignet bin zu heiraten. (. . .) Ich bin zu verliebt. (I, 58)

Der wahre Nachteil der Ehe ist, daß sie einen uneigennützig macht. Und uneigennützige Leute sind farblos. Es fehlt ihnen an Individualität. Dennoch gibt es bestimmte Charaktere, die durch die Ehe komplizierter werden. Sie behalten ihren Egoismus und ergänzen ihn mit vielen weiteren Egos. Sie sind gezwungen, mehr als ein Leben zu führen. Sie werden höher organisierte Menschen, und das, sollte ich meinen, ist das Ziel des menschlichen Daseins. (I, 86)

Jede Erfahrung (ist) wertvoll, und was man auch gegen die Ehe sagen mag, eine Erfahrung ist sie bestimmt. (I, 86)

Ein Mann kann mit einer Frau glücklich sein, solange er sie nicht liebt. (I, 197)

Natürlich ist das Eheleben nur eine Gewohnheit, eine schlechte Gewohnheit. (I, 230)

Es ist eine merkwürdige Sache mit dem Heiratsspiel. (. . .) Die Ehefrauen haben alle Trümpfe in der Hand und kommen unweigerlich um ihre Chance. (III, 17)

Ich könnte mit ihr verheiratet sein, so verdammt gleichgültig behandelt sie mich. (III, 31)

Wenn Männer aufhören, zu sagen, was bezaubernd ist, hören sie auf, zu bedenken, was bezaubernd ist. (III, 44)

Was einen heutzutage tröstet, ist nicht Reue, sondern Vergnügen. Reue ist völlig veraltet. Und außerdem, wenn eine Frau wirklich bereut, muß sie zu einem schlechten Schneider gehen, sonst glaubt ihr keiner. (III, 69)

Ich bin nicht für lange Verlobungen. Sie geben den Leuten Gelegenheit, vor der Ehe einer des anderen Charakter zu ergründen, was ich nie und nimmer für ratsam halte. (III, 316)

Die rechte Grundlage für eine Ehe ist gegenseitiges Mißverstehen. Nein, ich bin durchaus nicht zynisch, ich habe nur meine Erfahrungen, was allerdings ungefähr auf dasselbe herauskommt. (II, 157)

Modern zu sein ist das einzige, was heutzutage das Leben lebenswert macht. (III, 119)

Gefühl ist ausreichend für die Knopflochblume. Aber das Wesentliche bei einer Krawatte ist Stil. Eine gut gebundene Krawatte ist der erste ernsthafte Schritt ins Leben. (III, 120)

Sie werden immer denkbar hübsch sein. Das ist die beste Mode, die es gibt, und die einzige Mode, in der England mit Erfolg tonangebend ist. (III, 202)

Sie sind bemerkenswert modern. (. . .) Vielleicht ein wenig zu modern. Nichts ist so gefährlich, als allzu modern zu sein. Es kann einem passieren, daß man ganz plötzlich altmodisch wird. (III, 202)

Mode ist, was man selber trägt. Unmodern ist das, was die anderen Leute tragen. (III, 213)

Griechische Kleidung war in ihrem Wesen unkünstlerisch. Nur der Körper sollte den Körper sichtbar machen. Man sollte entweder ein Kunstwerk sein oder ein Kunstwerk tragen. (VII, 255)

Der einzige Ausgleich dafür, daß man gelegentlich etwas übertrieben angezogen ist, besteht darin, jederzeit ganz und gar übergebildet zu sein. (VII, 254)

Die Tracht des neunzehnten Jahrhunderts ist abscheulich. Sie ist so düster, so deprimierend. Die Sünde ist das einzige echte Farbelement, das unserem modernen Leben geblieben ist. (I, 40)

Die düstere Kleidung unserer Tage raubt ja dem Leben die Schönheit und bedeutet den Ruin für die Kunst. (VI, 81)

Es gibt eine Mode in Vergangenheiten, wie es eine Mode in Kleidern gibt. (III, 193)

Erröten ist kleidsam. (I, 52)

Sie war eine seltsame Frau, deren Kleider stets so aussahen, als wären sie im Zorn entworfen und im Sturm angezogen. (I, 56)

Alle Männer sind altmodische Schlampen und alle Frauen Modefexe. (III, 167)

Hochgeistige Beklemmung (. . .) ist so höchst unkleidsam. Die jungen Mädchen bekommen davon ungewöhnlich lange Nasen. Und nichts ist so schwer zu verheiraten wie eine lange Nase. (III, 177)

Das Mißbehagen an unserer gegenwärtigen Kleidung zeigt sich ja schon in der Bereitwilligkeit, sich alle drei Monate einer neuen Mode zu unterwerfen. Jede wirklich schöne Kleidung aber ist auch von Dauer, und ist erst die Schönheit da, so auch die Ersparnis. (VI, 115)

Jugend und Schönheit

Wen die Götter lieben, den lassen sie jung werden. (IX, 964)

Jugend ist das einzige, was Wert hat. (I, 32)

Jugend! Jugend! Es gibt einfach nichts auf der Welt als Jugend! (I, 34)

Jugend ist das einzige, was zu besitzen lohnt. (I, 37)

Um seine Jugend zurückzuerhalten, braucht man nur seine Torheiten zu wiederholen. (I, 52)

Das Geheimnis, jung zu bleiben, ist, sich nie einer unbekömmlichen Gefühlsregung hinzugeben. (I, 97)

Um meine Jugend zurückzuerhalten, würde ich alles auf der Welt tun, außer Leibesübungen, früh aufstehen oder ehrbar werden. (I, 234)

Es ist absurd, von der Unwissenheit der Jugend zu sprechen. Die einzigen, deren Ansichten ich mir noch mit einer gewissen Achtung anhöre, sind Leute, die viel jünger sind als ich. Sie scheinen mir voraus zu sein. (I, 234)

Nichts kommt der Jugend gleich. Die Leute mittleren Alters sind dem Leben verpfändet. Die Alten hausen in der Rumpelkammer des Lebens. Jugend aber ist der Herr und Gebieter des

Lebens. Auf die Jugend wartet ein Königreich. Jeder wird als König geboren, und die meisten Leute sterben in der Verbannung wie die meisten Könige. (III, 118)

Jugend ist die Zeit für Erfolg. (III, 187)

Jugend ist kein Getue. Jugend ist eine Kunst. (III, 236)

Wenige Eltern nehmen heutzutage Rücksicht auf das, was ihnen ihre Kinder sagen. Der altmodische Respekt vor der Jugend stirbt fast aus. (III, 279)

Mancher junge Mensch beginnt das Leben mit einer natürlichen Gabe zur Übertreibung; würde diese Begabung in entsprechender und angenehmer Umgebung gepflegt oder durch Nachahmung der höchsten Vorbilder gefördert, dann könnte etwas wirklich Großes und Wunderbares entstehen. In der Regel aber bringt es ein solcher Mensch zu nichts. (VII, 13)

Muße ist die Vorbedingung der Vollkommenheit. Das Ziel der Vollkommenheit ist die Jugend. (VII, 255)

Frühreif sein heißt vollkommen sein. (VII, 254)

Die Tragödie des Alters ist nicht, daß man alt ist, sondern daß man jung ist. (I, 234)

Ich habe die Erfahrung gemacht, sobald die Leute alt genug sind, es besser zu wissen, wissen sie überhaupt nichts. (III, 32)

Muße, nicht Arbeit ist das Ziel des Menschen. (VII, 228)

Wer sein ganzes Sinnen auf die Schönheit der Form richtet, dem erscheint alles andere von geringerer Bedeutung. (VII, 45)

Die Schönheit, die seine Sinne erregte, hatte auch an sein Gewissen gerührt. (II, 172)

Die Schönheit, die in jedem Leben schlummert und auf Erweckung wartet. (IX, 459)

Das Dandytum ist der Beweis für die absolute Modernität der Schönheit. (IX, 964)

Stets habe ich daran glauben wollen, daß Kraft und Schönheit auf ein und derselben Linie liegen. (VI, 130)

Die einzig wirklich schönen Dinge (. . .) sind die Dinge, die uns nicht betreffen. Solange uns ein Ding nützlich oder notwendig erscheint oder uns irgendwie bewegt, uns mit Schmerz oder Freude erfüllt, unsere Gefühle heftig erregt, solange es einen wesentlichen Bestandteil unserer Umgebung darstellt, ist es jenseits der Kunstsphäre. (VII, 19)

Alle schönen Dinge gehören der gleichen Zeit an. (VII, 50)

Die Schönheit hat so viele Bedeutungen, wie der Mensch Stimmungen hat. Die Schönheit ist das Symbol der Symbole. Die Schönheit offenbart alles, weil sie nichts ausdrückt. Wenn sie sich uns zeigt, zeigt sie uns die ganze feuerfarbene Welt.

(VII, 102)

Das charakteristische Merkmal einer schönen Form ist, daß man in sie hineinlegen kann, was immer man möchte, daß man in ihr sehen kann, was immer man darin zu sehen beliebt; und die Schönheit, die dem Kunstwerk das allgemein gültige und ästhetische Element verleiht, macht den Kritiker seinerseits zum Schöpfer, und sie erzählt von tausend verschiedenen Dingen, die nicht in der Seele dessen lebendig waren, der die Statue gemeißelt, das Tafelbild gemalt oder die Gemme geschnitten hat. (VII, 103)

Es liegt nichts Gesundes in der Anbetung der Schönheit. Sie ist viel zu glänzend, um gesund zu sein. Wer sie zur beherrschenden Form seines Lebens macht, wird der Welt ewig als reiner Träumer erscheinen. (VII, 131)

Man kommt ja recht gut ohne die Philosophie zurecht, sobald man sich erst mit schönen Dingen umgibt. (VI, 73)

Wenn man seine Schönheit verliert, welcher Art sie auch sein mag, dann verliert man alles. (I, 37)

Schönheit ist eine Form des Genies – sie steht in der Tat noch höher als das Genie, da sie keiner Erklärung bedarf. Sie gehört zu den großen Wahrheiten der Welt, wie das Sonnenlicht oder der Frühling oder der Widerschein jener silbernen Muschel, die wir Mond nennen, auf den dunklen Wassern. Man kann darüber nicht streiten. Sie hat ihr göttliches Recht auf Souveränität. Sie macht solche, die sie besitzen, zu Fürsten. (I, 32)

Wenn ein Mensch die künstlerische Schönheit einer Sache sieht, dann wird er wahrscheinlich sehr wenig nach ihrer ethischen Bedeutung fragen. Ist er seinem Temperament nach empfänglicher für ethische als für ästhetische Einflüsse, so wird er blind sein gegen Fragen des Stils, der Gestaltung und dergleichen. (VIII, 291)

Kein Gegenstand ist so häßlich, daß er unter gewissen Licht- und Schattenbedingungen, durch die Berührung mit anderen Dingen nicht schön aussehen kann; kein Gegenstand ist so schön, daß er unter gewissen Bedingungen nicht häßlich aussehen kann. Ich glaube, alle vierundzwanzig Stunden sieht das Schöne einmal häßlich und das Häßliche einmal schön aus. (VI, 142)

Aber Schönheit, wahre Schönheit, endet da, wo der geistige Ausdruck beginnt. Geist ist an sich eine Art Übertreibung und zerstört die Harmonie eines jeden Gesichts. In dem Augenblick, da man sich niedersetzt, um zu denken, wird man ganz Nase oder ganz Stirn oder sonst etwas Gräßliches. Sehen Sie sich die erfolgreichen Männer in irgendeinem gelehrten Beruf an. Wie ganz und gar abscheulich sehen sie aus! Ausgenommen natürlich die Angehörigen der Geistlichkeit. Aber die Geistlichkeit denkt ja auch nicht. (I, 13)

Von allen häßlichen Dingen sind künstliche Blumen wohl das Häßlichste. (VI, 115)

Liebe und Vernunft

Immer in die Liebe verliebt sein. Eine grande passion ist das Vorrecht solcher Leute, die nichts zu tun haben. Das ist der einzige Vorteil der müßigen Klassen eines Landes. (I, 60)

Man sollte immer verliebt sein. Das ist der Grund, warum man nie heiraten sollte. (III, 121)

Wenn man verliebt ist, betrügt man zu Anfang sich selbst und am Ende stets die anderen. (I, 64)

Die Verschiedenheit des Objekts ändert nichts am Einmaligen der Leidenschaft. Sie vertieft es nur. Wir können im Leben bestenfalls ein großes Erlebnis haben, und das Geheimnis des Lebens ist, dieses Erlebnis so oft wie möglich aufs neue zu erzielen. (I, 214)

Nur Liebe vermag überhaupt jemand am Leben zu erhalten. (III, 141)

Wer ist arm, wenn er geliebt wird? (III, 144)

Die Liebe gibt einem einen Instinkt für die Dinge. (III, 184)

Liebe, nicht deutsche Philosophie, ist die wahre Auslegung dieser Welt, wie immer auch die Auslegung der nächsten lauten mag. (III, 197)

Ich pflegte Ehrgeiz für das Größte zu halten. Das stimmt nicht. Liebe ist das Größte auf der Welt. Es gibt nichts als Liebe.

(III, 222)

Die Liebe nährt sich von der Phantasie, die uns weiser macht, als wir wissen, besser, als wir fühlen, edler, als wir sind: durch die wir das Leben als Einheit sehen können: durch die, und durch die allein, wir andere in ihren realen und ideellen Bindungen verstehen können. Nur Schönes und schön Erdachtes kann die Liebe nähren. Den Haß aber nährt alles. (. . .) Haß macht die Menschen blind. Das merkst Du nicht. Liebe kann die Inschrift auf dem fernsten Stern entziffern, doch der Haß blendete Dich so sehr, daß Du über den engen, ummauerten Garten Deiner niederen Gelüste nicht hinaussahst. (. . .) (O. Wilde an Lord Alfred Douglas) (IX, 466)

Die meisten Menschen leben für die Liebe und die Bewunderung, doch wir sollten durch die Liebe und die Bewunderung leben. (IX, 514)

Wenn uns Liebe geschenkt wird, so sollten wir wissen, daß wir ihrer gänzlich unwürdig sind. Niemand ist würdig, geliebt zu werden. (IX, 514)

Jeder ist der Liebe würdig, nur der nicht, der sich selbst für würdig hält. (IX, 514)

Die Liebe ist ein Sakrament und sollte kniend empfangen werden, und die Lippen und Herzen derer, die es entgegennehmen, sollten sprechen »Domine, non sum dignus«. (IX, 514)

Nicht die Vollkommenen, sondern die Unvollkommenen brauchen Liebe. (III, 211)

Wenn wir durch eigene Hand oder durch die Hände anderer verwundet sind, sollte uns Liebe heilen – was hätte Liebe sonst überhaupt für einen Sinn? (III, 211)

Die Gefühle von Menschen, die man nicht mehr liebt, haben stets etwas Lächerliches. (I, 101)

»Die Liebe?« »Eine Illusion.« (I, 213)

Eine Liebe und ein Schmerz, die groß sind, werden durch ihr eigenes Übermaß vernichtet. (I, 219)

Es ist (. . .) nicht Liebe auf den ersten Blick, aber Liebe zum Schluß der Saison, was so sehr viel befriedigender ist. (III, 41)

Freundschaft ist weit tragischer als Liebe. Sie dauert länger. (IX, 963)

Vernunft und Feigheit sind in Wirklichkeit dasselbe. (. . .) Vernunft ist nur der Geschäftsname der Firma. Weiter nichts. (I, 17)

Rohe Gewalt kann ich noch ertragen, aber rohe Vernunft ist ganz und gar unerträglich. Es liegt etwas Unanständiges in ihrer Anwendung. Sie steht unter dem Geist. (I, 50)

Der nur denkende Geist ist dem Geiste der Kunst fremd. (VI, 121)

Ich bekenne, daß ich nicht zu den Gläubigen im Tempel der Vernunft gehöre. Ich halte die menschliche Vernunft für den unzuverlässigsten und trügerischsten Führer unter der Sonne, ausgenommen vielleicht die weibliche Vernunft. Der Glaube ist zwar, so meine ich, eine helle Leuchte, unserm Fuß, in unserem Denken jedoch eine exotische Pflanze, die ständiger Pflege bedarf. (VIII, 52)

Alles Denken ist unmoralisch. Sein eigentliches Wesen ist Zerstörung. Wenn Sie über etwas nachdenken, töten Sie es. Nichts überlebt das Nachdenken darüber. (III, 126)

Nie kann die Wissenschaft das Irrationale bewältigen. Darum hat sie auf dieser Welt auch keine Zukunft. (III, 161)

Es ist sehr gefährlich, zuzuhören. Hört man zu, kann man überzeugt werden, und wer sich durch ein Argument überzeugen läßt, ist ein von Grund auf unvernünftiger Mensch. (III, 166)

Ich bin dieser Geistreichelei sterbensüberdrüssig. Jeder ist heutzutage geistreich. Du kannst nirgendwohin gehen, ohne geistreiche Leute zu treffen. Das ist förmlich zu einer öffentlichen Plage geworden. Ich wünschte zum Himmel, wir hätten noch ein paar Dummköpfe übrigbehalten. (III, 276)

Denken ist wundervoll, aber noch wundervoller ist das Erlebnis. (VII, 80)

Im Stumpfsinn wird Ernsthaftigkeit mündig. (VII, 253)

Unfeine Angewohnheit, die heutzutage die Leute haben, einen, wenn man einen Gedanken äußert, zu fragen, ob es einem ernst sei oder nicht. Nichts ist ernst außer der Leidenschaft. Der Intellekt ist keine ernste Sache, ist es nie gewesen. Er ist ein Instrument, auf dem man spielt, weiter nichts. (III, 88)

Wissen wäre fatal. Die Ungewißheit ist es, die uns reizt. Ein Nebel macht die Dinge wunderschön. (I, 224)

Heutzutage sterben die meisten Leute an einer Art schleichendem gesundem Menschenverstand und entdecken erst, wenn es zu spät ist, daß die eigenen Fehler das einzige sind, was man niemals bereut. (I, 52 f.)

Der Mensch ist vielerlei, aber vernünftig ist er nicht. (I, 39)

»Du hast selbst gesagt, daß eine schwere Erkältung nicht erblich oder etwas dergleichen ist.« »Ich weiß, sie pflegte es nicht zu sein – aber ich möchte behaupten, jetzt ist sie es. Die Wissenschaft macht ständig erstaunliche Fortschritte.« (III, 309)

Nachbemerkung

Vom Aphorismus Lebenshilfe zu erwarten
heißt, den Skorpion um eine Blutspende bitten.
Wolfdietrich Schnurre

Keine literarische Gattung hat sich selbst so oft thematisiert wie der Aphorismus. Keine literarische Gattung aber läßt sich so schwer definieren wie der Aphorismus. Die stilistischen Grenzen zwischen ihm und Epigramm, These, Witz oder gar Tagebuchnotiz sind fließend. Es ist nicht allein seine sprachliche Kürze, deren Entstehung Gabriel Laub mit der von Statuen vergleicht, wenn er schreibt: »Man nehme ein Stück Marmor und schlage alles ab, was man nicht unbedingt braucht!« Der Aphorismus sagt nicht nur so wenig wie möglich, er sagt weniger als nötig. Dadurch ist er offen, voller Spannungen und Brüche, kann allein stehen und bedarf keines Umfeldes. Seinen Leser läßt er ins Leere laufen, zwingt ihn, die Folgerungen und Zusammenhänge selbst zu suchen, und erschafft sich auf diese Weise im Leser seinen Kontext und seine Welt. Wer mit diesem »unfrisierten Gedanken« (Stanisław Lem) konfrontiert wird, kann unmöglich bei ihm verweilen, sondern wird auf einen Weg geschickt, dessen Ziel er selbst finden muß. Der Aphorismus teilt keine Wahrheiten mit, sondern soll die Wahrheit überflügeln und »muß mit einem Satz über sie hinauskommen« (Karl Kraus). Auf diese Weise bricht er überall dort, wo er erscheint, starre Denkmuster auf und schafft neue Perspektiven.

In diesem Buch soll der Erzähler Oscar Wilde als Aphoristiker vorgestellt werden. Die Aphorismen der vorliegenden Sammlung sind aus dem Gesamtwerk herausgesucht, das eine reichhaltige Fundgrube darstellt. Sie sollen stets die gleiche Funktion erfüllen: eine Thematik zuspitzen und die Auseinandersetzung mit ihr folgen lassen, indem entweder herrschende Meinungen übertrieben dargestellt oder eigene Kontrapunkte provokativ und plakativ entgegengesetzt werden. Das dabei angewandte Prinzip ist jeweils das der Übertreibung als Methode zur Wahrheitsfindung.

Besonders deutlich wird die Rolle der Aphorismen in Wildes Dramen, in denen er das Salonleben der englischen Aristokratie beschreibt und gleichzeitig persifliert. Der Autor läßt snobistische Personen als »Sprechmaschinen« (P. Aronstein) auftreten, die miteinander anmutige, gepflegte und nichtssagende Dialoge führen und sich mit frivoler Nonchalance gegenseitig langweilen. Er kopiert bewußt die englische Gesellschaftskomödie des spätviktorianischen Zeitalters, die durch Form und Inhalt soziale Strukturen widerspiegelt und zugleich stabilisierende Wirkung ausübt. In diese Vorlage streut Wilde nun seine Aphorismen wie Tretminen hinein, mit dem Ziel, verfestigte Systeme von innen heraus aufzubrechen und neue Horizonte zu eröffnen. Aus dem Ästheten, der sich in der Oase der Kunst eine Gegenwelt zur Realität sucht, wird plötzlich ein Gesellschaftskritiker, der nicht nur die Verhältnisse dadurch aufschrecken will, daß er ihnen den Spiegel vorhält, sondern gleichzeitig Tore zu neuen Wegen zu eröffnen sucht. Sein Ziel ist die Entstehung einer Gemeinschaft von Menschen, die als Individualisten zusammenleben. Nur die Verwirklichung eines radikalen Individualismus, so schreibt Wilde in seinem Essay »Die Seele des Menschen unter dem Sozialismus«, forme Menschen, welche nicht mehr nach der »Existenzweise des Habens« (Erich Fromm) leben, die nach der Aneignung von materiellen Gütern strebt und versucht, möglichst viel Material anzuhäufen, sondern nach einer »Existenzweise des Seins«. Deren Streben ist es, alle potentiell vorhandene Anlagen und Möglichkeiten des Menschen zur vollen Entfaltung zu bringen und sich auf der Grundlage einer inneren Vitalität ständig weiterzuentwickeln. Die Selbstverwirklichung des Individuums schafft diese neue Lebenseinstellung, die von Moden und Konventionen gereinigt ist, durch ihre tiefe Moralität jede falsche Moral ausschließt, die religiös ist und zugleich undogmatisch und eine Schönheit sucht, die heilt. Diesem Menschenbild ist zunächst der Künstler am nächsten, doch soll sich die gesamte Menschheit auf dieses Ziel hin weiterentwickeln.

Die vorliegende Aphorismensammlung ist in Kapitel unterteilt, die wiederum thematische Unterordnungen aufweisen. Auf diese Weise kann man sich dem Denken Oscar Wildes durch die Beschäftigung mit einzelnen Themen nähern. Gleichzeitig sei aber auch die weitere Lektüre seiner Werke hiermit empfohlen, denn die anregende Atmosphäre der Texte kann in einer Aphorismensammlung nur andeutungsweise vermittelt werden.

Alle Quellenangaben beziehen sich auf die 1982 im Insel Verlag erschienene Gesamtausgabe der Werke des Autors.

Frank Thissen

Aphorismenanfänge

Stichwortverzeichnis

Oscar Wilde im Insel Verlag

Sämtliche Werke in zehn Bänden
Herausgegeben von Norbert Kohl. 1982. it 582

Mit den *Sämtlichen Werken* von Oscar Wilde im insel taschenbuch liegt zum ersten Mal in deutscher Sprache eine vollständige Ausgabe der Werke, und dazu eine umfassende Auswahl aus den Briefen, vor. Die Ausgabe enthält das gesamte literarische und kritische Werk des Autors, mit Ausnahme der Buchbesprechungen, die aber heute nur noch von geringem literarhistorischen Wert sind. Ein großer Teil der *Essays* erscheint hier zum ersten Mal in deutscher Sprache, und so wird das essayistische Werk Wildes voll überschaubar. Die Edition vereinigt in deutscher Übersetzung alle Gedichte – auch die, die nicht in den *Poems* von 1881 erschienen sind –, sowie die Texte der frühen amerikanischen Vorlesungen, die erst im Jahre 1973 in einer kritischen Ausgabe in Amerika veröffentlicht wurden. Alle Bände der Ausgabe enthalten ein ausführliches Nachwort des Herausgebers zu Entstehung, Werk- und Wirkungsgeschichte sowie editorische Notizen und Hinweise auf englische Leseausgaben. Die Ausgabe liegt in zehn Bänden in Schmuckkassette vor und wird nur vollständig abgegeben.

Band 1: *Das Bildnis des Dorian Gray*
Roman. Übersetzt von Christine Hoeppener
Band 2: *Märchen und Erzählungen*
Übersetzt von Franz Blei und Christine Hoeppener
Band 3: *Theaterstücke I*
Lady Windermeres Fächer. Eine Frau ohne Bedeutung.
Ein idealer Gatte. Bunbury oder die Bedeutung ernst zu sein
Übersetzt von Christine Hoeppener
Band 4: *Theaterstücke II*
Salome. Vera oder die Nihilisten. Die Herzogin von Padua. Eine florentinische Tragödie. Die fromme Kurtisane oder das von Juwelen funkelnde Weib
Übersetzt von Christine Hoeppener
Band 5: *Gedichte*
Übersetzt von Gisela Etzel, Otto Hauser, Norbert Kohl und Elfriede Mund
Band 6: *Essays I*
Am Grabe von Keats. Die Anfänge der historischen Kritik. Die englische Renaissance. Die dekorativen Künste. Das schöne Heim. Geleitwort zu »roseleaf and appleleaf«. Amerikanische Impressionen. Vortrag vor Kunststudenten. Mr. Whistlers Abendvortrag. Die Relation zwischen Kleidung und Kunst. Die amerikanische Invasion. Der amerikanische Mann. Englische Dichterinnen. Londoner Malermodelle

Übersetzt von Friedrich Polakovics, Franz Blei, Emanuela Mattl-Löwenkreus und Max Meyerfeld
Band 7: *Essays II*
Der Verfall der Lüge. Feder, Pinsel und Gift. Der Kritiker als Künstler. Die Wahrheit der Masken. Das Bildnis des Mr. W. H. Die Seele des Menschen unter dem Sozialismus. Sätze und Lehren zum Gebrauch für die Jugend
Übersetzt von Christine Hoeppener, Norbert Kohl, Christine Koschel und Inge von Weidenbaum
Band 8: *Briefe I*
Übersetzt von Hedda Soellner
Band 9: *Briefe II*
Mit einem Anhang: Ein Besuch in Babbacombe. Maximen zur Belehrung der Über-Gebildeten. Ein Besuch von Mr. Hargrove. Verzeichnis der Briefempfänger
Übersetzt von Hedda Soellner
Band 10: *Briefe III. Anmerkungen*
Mit einer Bibliographie der Werke Oscar Wildes. Namen- und Sachregister
Übersetzt von Hedda Soellner

Das Bildnis des Dorian Gray
Aus dem Englischen von Hedwig Lachmann und Gustav Landauer. Mit einem Essay von Norbert Kohl. 1985. it 843

Das Gespenst von Canterville
Aus dem Englischen von Franz Blei. Mit Illustrationen von Oski. 1979. it 344

Die Erzählungen und Märchen
Übersetzt von Felix Paul Greve und Franz Blei. Mit Zeichnungen von Heinrich Vogeler. 1972. it 5
– Insel-Bibliothek. 1980. Leinen- oder Lederausgabe.

Salome
Mit Illustrationen von Aubrey Beardsley. 1919. 80. Tausend
Insel-Bücherei 247

Salome
Dramen, Schriften, Aphorismen und die »Ballade vom Zuchthaus Reading«. Mit Illustrationen von Marcus Behmer. 1975. it 107

Oscar Wilde. Leben und Werk in Daten und Bildern
Herausgegeben von Norbert Kohl. 1976. it 158

Anthologien
im insel taschenbuch

Alt-Prager Geschichten. Gesammelt von Peter Demetz. it 613
Alt-Wiener Geschichten. Gesammelt von Joseph Peter Strelka. it 784
An den Mond. it 956
Das andere Ferienbuch. Vom Urlaub mit Hindernissen. it 1174
Anthologie der erotischen Literatur aller Zeiten und Völker. 2 Bde. in Kassette. it 1141
Arm und reich. Geschichten und Gedichte. it 1031
Bäume. Das Insel-Buch der Bäume. Gedichte und Prosa. it 1041
Ludwig Bechstein: Hexengeschichten. it 865
Berlin im Gedicht. it 851
Besuch bei Toten. Ein imaginärer Friedhof. Angelegt von Peter Maigler. it 871
Blätter aus Prevorst. Eine Auswahl von Berichten über Magnetismus, Hellsehen, Geistererscheinungen aus dem Kreise Justinus Kerners. it 1019
Briefe an den Vater. Zeugnisse aus drei Jahrhunderten. it 1045
Das Brunnenbuch. Gedichte und Prosa. it 933
Das Buch der Liebe. Gedichte und Lieder ausgewählt von Elisabeth Borchers. it 82
Capri. Ein Lesebuch. it 1077
Deutsche Criminalgeschichten. Von Schiller, Goethe, Kleist, E. T. A. Hoffmann und anderen. it 773
Deutsche Denker über China. it 852
Deutsche Mariendichtung aus neun Jahrhunderten. it 1168
Einladung zum Essen. Buch für Gäste. it 1161
Die Eisenbahn. Gedichte. Prosa. Bilder. it 676
Ermutigungen. Das Insel-Buch der Tröstungen. Gedichte und Prosa. it 1053
Faust-Parodien. Eine Auswahl satirischer Kontrafakturen. it 1147
Feiern und Feste. Ein Lesebuch. it 738
Das Ferienbuch. Literarische Souvenirs, aufgelesen von Vera Pagin und Hans-Joachim Simm. it 1082
Flucht und Exil. Geschichten und Berichte aus zwei Jahrhunderten. it 1070
Das Fohlen und andere Tiergeschichten. it 993
Frauenbriefe der Romantik. it 545
Das Frühlingsbuch. Gedichte und Prosa. it 914
Geschichten vom Buch. it 722
Der Golem. Geschichten um eine Legende. it 1036
Griechisches Lesebuch. it 995
Bret Harte: Goldgräbergeschichten. it 803

163/1/6.89

Anthologien
im insel taschenbuch

Heidelberg- Lesebuch. Stadt-Bilder von 1800 bis heute. it 913

Das Herbstbuch. Gedichte und Prosa. it 657

Das Hundebuch. Geschichten, Gedichte und Bilder von Herren und ihren Hunden. it 785

Die Insel-Weihnachtskassette. Das Weihnachtsbuch. Das Weihnachtsbuch für Kinder. Das Weihnachtsbuch der Lieder. 3 Bde. in Kassette. it 45/156/157

Gerhard Kaiser: Augenblicke deutscher Lyrik. Von Martin Luther bis Paul Celan. it 978

Das Kalte Herz und andere Texte der Romantik. it 330

Das Katzenbuch. Von Katzen und ihren Freunden. Geschichten, Gedichte, Bilder. it 567

Kennst du das Land, wo die Zitronen blühn. Italien im deutschen Gedicht. it 927

Lesebuch der Jahrhundertwende. Prosa aus den Jahren 1889 bis 1908. it 997

Liebe Mutter. Eine Sammlung von Elisabeth Borchers. it 230

Liebe und Tod in Wien. Geschichten aus einer Stadt. it 815

Lieber Vater. Eine Sammlung von Gottfried Honnefelder. it 231

Liebesgeschichten. it 789

Loreley. Gedichte, Prosa, Bilder. it 1065

Der neue Pitaval. Eine Sammlung der interessantesten Kriminalgeschichten. it 819

Friedrich Nietzsche: ›Wie man wird, was man ist.‹ Ermutigungen zum kritischen Denken. it 1096

Das Poesiealbum. Verse zum Auf- und Abschreiben. Mit Bildern und Vignetten. it 414

Poetische Grabschriften. Mit zehn Radierungen von Christoph Meckel. it 951

Der Rhein. Seine poetische Geschichte in Texten und Bildern. it 624

Römisches Lesebuch. Herausgegeben von Manfred Fuhrmann. it 996

Schwestern berühmter Männer. Zwölf biographische Porträts. it 796

Das Sommerbuch. Gedichte und Prosa. it 847

Spuk- und Hexengeschichten. it 908

Tageszeiten. Gedichte. it 1196

Über die Liebe. Gedichte und Interpretationen aus der ›Frankfurter Anthologie‹ it 794

Der versiegelte Engel. Erzählungen zu Ikonen. it 1132

Vom Abschied. Eine Gedichtsammlung. it 694

Vom Tod. Ein Lesebuch für Jedermann. it 1037

Wagner-Parodien. it 687

163/2/6.89

Anthologien
im insel taschenbuch

Was ist denn eigentlich die Jugend? Eine literarische Spurensuche von Gottfried Honnefelder. it 1129

Weihnachten. Erzählungen aus alter und neuer Zeit. it 946

Das Weihnachtsbuch. Mit alten und neuen Geschichten, Gedichten und Liedern. it 46

Das Weihnachtsbuch der Lieder. Mit alten und neuen Liedern zum Singen und Spielen. it 157

Das Winterbuch. Gedichte und Prosa. it 728

163/3/6.89